授信風險 · 新外債 · NRA帳戶

外資銀行
中國業務實務

| 系列5 |

台資銀行大陸從業人員交流協會◎著
富蘭德林證券股份有限公司◎編

導讀

　　由於中國經濟進入不斷調整的新常態，外資銀行在中國的業務策略也隨之不同，一方面，在中國銀行業壞帳比例大幅攀升背景下，外資銀行紛紛將「風險控管」置於中國業務的核心地位；其次，外資銀行要如何掌握外債，FT帳戶等一系列最新外匯變化，及上海、天津、福建、廣東等自貿區先行先試的外匯政策，才能為外資銀行在境內、外客戶提供便捷又具效率的資金方案，都將會在未來深深影響外資銀行在中國拓展業務。

　　本書延續過去強調「實務」的傳統，從外資銀行在中國開發業務過程中，所可能遭遇的最新法律、財稅、外匯三大領域問題，進行橫向與縱向的深入分析，以總計一百篇的專題形式，為所有在中國的外資銀行，提供與中國現場最接地氣，最務實的業務建議。

富蘭德林證券董事長

目次

第一篇

法律

【1】保證金跨境質押業務法律分析（上）

以往，中國大陸公司提供存款質押，請中國大陸分行開具SBLC或保函，擔保境外公司在境外銀行融資。由於中國大陸分行為「內保外貸」模式中的境內擔保人，有必要按照《跨境擔保外匯管理規定》，對境外借款人的還款能力和還款來源，甚至資金流向，進行審核。

為減輕境內銀行內保外貸履約後的核查風險，可以調整融資模式，即從銀行做擔保人，調整為提供存款的中國大陸公司做擔保人，將該存款以保證金方式直接質押給境外債權人。對於境內分行而言，其優勢在於不僅減輕了對跨境擔保交易背景資料盡職調查的義務，同時也吸收了人民幣存款，還可通過和境外聯行的配合，爭取中國大陸公司的其他業務。

境外債權人應關注事項

對於提供保證金的中國大陸公司而言，其構成「內保外貸」跨境質押，因此該中國大陸公司做為出質人，應當至所在地外管局辦理「內保外貸」簽約登記。

做為境外債權人，應合理關注：1. 境外借款人有無中國大陸自然人控制；2. 境外借款人的還款能力和還款來源。由於中國大陸外管層面實務中並未開放自然人到境外投資設立公司，因此如果境外借款人的股東為中國大陸自然人時，其設立合法性受到中國大陸外管局的質疑，就無法進行「內保外貸」登記。其次，外管局辦理「內保外貸」簽約登記時，尤應重視借款人的還款來

源。目前實務中,對還款來源的審查,限於書面審查,即要求提供境外借款人的審計報告和還款來源說明。境外債權人應收集前述證明借款人還款能力和無中國大陸自然人股東的資料,以供辦理「內保外貸」登記之需。

跨境質押的三種主要情形

中國大陸境內保證金質押擔保境外放款,主要有三種情形:

1. 中國大陸個人名下的保證金為擔保品。雖然《跨境擔保外匯管理規定》允許個人可以參照企業辦理「內保外貸」登記,但實務中,中國大陸個人無法單獨辦理「內保外貸」登記。

2. 中國大陸企業名下的保證金為擔保品。中國大陸企業必須在擔保合同簽定後15日內,到所在地外管局辦理「內保外貸」簽約登記,外管局對於該項登記的審查重點,在於境外借款人的還款能力、資金用途以及是否存在惡意擔保履約情況。

3. 台籍(境外)個人在中國大陸銀行的保證金為擔保品。此情形屬於其他形式跨境擔保,無須至外管局辦理登記手續。接受該擔保的境外債權人,須注意審核該存款來源的合法性,避免將來履約匯出時因台籍(境外)個人無法提供稅單等證明合法來源的資料,而無法將擔保款項匯出。

實務中保證金跨境質押還有一種情形,是中國大陸公司向境外銀行舉借外債,並提供相應的保證金存款做質押擔保。由於此融資模式不屬於「內保外貸」,而是其他形式跨境擔保,因此不存在「內保外貸」項下資金回流的限制。對於中國大陸公司而言,必須辦理外債登記,但無須辦理外管局「內保外貸」登記。

【2】保證金跨境質押業務法律分析（下）

保證金質押業務中，由於可供執行財產（即保證金）所在地在中國大陸，因此建議適用中國大陸法律和選擇中國大陸法院管轄。

銀行享有優先受償權的法律依據，主要為《最高人民法院關於適用〈中華人民共和國擔保法〉若干問題的解釋》第八十五條：「債務人或者第三人將其金錢以特戶、封金、保證金等形式特定化後，移交債權人占有做為債權的擔保，債務人不履行債務時，債權人可以以該金錢優先受償。」

保障優先受償權

為確保債權銀行享有優先受償權，在承做保證金質押業務時須注意兩點：

1. 保證金應特定化。即保證金帳戶中的資金應由銀行特定監管，比如可以設立「XX公司保證金專用帳戶」，該專用帳戶的資金禁止用於擔保以外的日常結算。保證金帳戶內的資金應與具體的保證金業務相對應，即帳戶內轉入資金為擔保人根據約定比例向該帳戶繳存的保證金，轉出資金為銀行依約劃扣和退還的保證金。

2. 通常保證金帳戶戶名仍為出質人，為符合《最高人民法院關於適用〈中華人民共和國擔保法〉若干問題的解釋》關於「保證金移交銀行占有」的特徵，保證金質押合同中應寫明諸如「保證金自存入保證金專戶之日起即轉移為銀行占有；非經銀行同

意，出質人不得對保證金專戶內資金進行支用、劃轉或做其他任何處分」之類的表述。

保證金帳戶監管合同

　　保證金跨境質押業務所使用的合同，除了《保證金質押合同》外，還有一份很重要的合同，即《保證金帳戶監管合同》。境外銀行可以委託境內聯行做為保證金帳戶的監管銀行，即意味出質人應將保證金存放在境內聯行開立的保證金專用帳戶中，並由境內聯行根據境外銀行的指示，控制保證金的劃扣和退還。在此份監管合同中，對於劃轉保證金的約定如下：

　　1. 貸款行有權通知監管行提取、扣劃保證金帳戶內款項（加蓋貸款行預留印鑒的劃款指令）。

　　2. 監管行收到指令，並經監管行審核劃款指令的印鑒與預留印鑒相符後，監管行方根據該等指令劃款。

操作重點

　　當發生擔保履約，必須執行保證金帳戶內的款項用於歸還境外借款時，應該按照《跨境擔保外匯管理規定》操作，具體表現為：

　　1. 如為「內保外貸」跨境質押，則由保證金出質人或境外債權銀行憑加蓋外匯局印章的擔保登記文件，直接到銀行辦理擔保履約項下購匯及對外支付。

　　2. 如為其他形式跨境質押，則由保證金出質人或境外債權銀行自行到銀行辦理擔保履約。

在此，保證金監管銀行同時承擔了跨境擔保履約款的匯出銀行角色。在內保外貸保證金質押業務項下，監管銀行應當審核境外借款人違約真實性及原因；在其他形式保證金質押業務項下，監管銀行在審核擔保履約真實性、合規性並留存必要資料後，擔保人或債權人可以辦理相關購匯、結匯和跨境收支。

【3】應收帳款跨境質押業務法律分析（上）

根據《跨境擔保外匯管理規定》，中國大陸境內應收帳款做為《物權法》規定的合法擔保品，可以依法質押給境外債權人。中國大陸《物權法》第二百二十八條第一款規定：「以應收帳款出質的，當事人應當訂立書面合同。質權自信貸徵信機構辦理出質登記時設立。」

從操作面而言，境外銀行可委託中國人民銀行徵信中心動產融資統一登記平台的常用戶（比如境內分行），辦理應收帳款質押登記，在該平台上將境外銀行登記為應收帳款質權人。若委託境內分行辦理登記，境內分行在完成登記後，可將相關登記證明編號、修改碼等信息告知境外銀行。

基於中國大陸境內應收帳款可以質押給境外銀行，兩岸銀行藉此可拓展融資業務方式。比如，兩岸銀行聯合授信，應收帳款可同時質押給境內外銀行，並由中國大陸境內銀行對應收帳款資金監管。

質押合同中應明確約定的事項

採用應收帳款質押擔保方式，對於質權銀行而言，控制金流是確保應收帳款質押有效性最關鍵的一點。實務中，通常銀行會在應收帳款質押合同中明確約定：

1. 質押帳戶。銀行要求出質人必須在質權銀行處開立質押收入帳戶。兩岸銀行聯合對中國大陸境內借款人授信時，由於境內應收帳款的付款方不能將交易款項直接付款至借款人在境外銀行

開立的帳戶，因此必須中國大陸境內銀行配合，由出質人在中國大陸境內開立應收帳款的回款專用帳戶，並由中國大陸境內銀行對所質押的應收帳款進行監管。兩岸銀行配合的優勢在於，對於境外銀行而言，解決了不能控制金流的問題；對於中國大陸境內銀行而言，吸收了人民幣存款。

2. 質押收入。雖然從法律上看，質權銀行是否通知應收帳款的付款人，對質押效力沒有影響，但若沒有通知付款人，付款人並不知道付款帳戶銀行已經變更為質權銀行（應收款的保管銀行），仍善意地將款項支付至原帳戶的話，對質權銀行而言失去了保障。因此，銀行應要求出質人通知付款人將應付款匯入質押收入帳戶，並取得付款人對前述通知已經收悉的回執，以此確保質權銀行可以順利地回收應收帳款。

3. 金額要求。由於質押收入帳戶的帳戶名仍是出質人，質押收入帳戶在法律性質上是結算帳戶，意味著出質人仍可隨意動用該帳戶的資金，因此為確保銀行對此帳戶內的資金有優先受償權，銀行應要求出質人應維持不低於借款合同項下N個月應付利息之金額。

在徵信中心辦理登記

應收帳款質押必須在中國人民銀行徵信中心官網的「動產融資統一登記系統」中辦理登記，由於輸入質權人的信息而形成的應收帳款質押登記表有先後順序之分，必然導致在兩岸聯合授信模式下，境內境外不同質權人對同一筆應收帳款辦理質押登記有先後之分，而根據中國大陸《物權法》的規定，應當按照登記先

後順序受償。因此，如果出質人能令銀行滿意的應收帳款較多的話，可以對不同應收帳款分別辦理第一順位的質押。

　　銀行在承作應收帳款質押前，可以在「動產融資統一登記系統」註冊成為用戶後，先查詢該筆應收帳款質押或轉讓（保理）的登記信息，核實出質人是否為應收帳款適格的收款人，以及確定該筆擬質押的應收帳款是否已經先設定其他質押。

【4】應收帳款跨境質押業務法律分析（下）

目前，法律允許辦理登記的應收帳款包括如下五類：1. 銷售產生的債權，包括銷售貨物、供應水／電／氣／暖、智慧財產權的許可使用等；2. 出租產生的債權，包括出租動產或不動產；3. 提供服務產生的債權；4. 公路、橋梁、隧道、渡口等不動產收費權；5. 提供貸款或其他信用產生的債權。

銀行在接受應收帳款質押擔保前，應進行必要的調查和評估，調查和核實產生應收帳款的基礎交易關係的真實性，評估交易關係合同條款中是否存在限制質權人向出質人追索債權的風險，分析應收帳款產生的時間及其是否已超過訴訟時效，調查應收帳款是否存在保障其清償的抵押、質押或保證等擔保方式，評估應收帳款債務人的經營、資信、負債情況以及償債能力等風險。

境內應收帳款跨境質押辦理過程中，如涉及「內保外貸」，應按照《跨境擔保外匯管理規定》由出質人在所在地外管局辦理相應登記。外管局對於應收帳款設立登記不做事先要求，即不須提交應收帳款設立登記機關的證明文件。

對於發生擔保履約時，境外銀行如何實現應收帳款質押權問題，分析如下：

一、境內聯行對應收帳款質押收入帳戶監管

鑒於境內應收帳款的回款帳戶設立在境內聯行，境外銀行可以透過《應收帳款帳戶監管協議》的方式，與應收帳款的出質

人、境內聯行約定，當發生應收帳款質押協議項下的主合同債務
違約且持續發生時，境外銀行可以指令境內聯行將監管的應收帳
款質押收入帳戶內款項，以擔保履約名義匯出。

二、各種跨境擔保形式下擔保履約分析

《跨境擔保外匯管理規定》規範了內保外貸、外保內貸（境
內應收帳款質押不涉及外保內貸，在此不做分析）和其他形式跨
境擔保項下的擔保履約條件。

根據規定，內保外貸跨境擔保形式下，應收帳款出質人或境
外債權銀行可憑加蓋外匯局印章的擔保登記文件，直接到銀行辦
理擔保履約項下購匯及對外支付。

其他形式的跨境擔保，也由應收帳款出質人或境外債權銀
行，自行辦理擔保履約。

辦理跨境擔保履約款項匯出的境內銀行，有義務對跨境擔保
交易的背景進行盡職審查。基於境外銀行與境內聯行合作，由境
內聯行對應收帳款質押收入帳戶進行監管，通常匯出銀行的角色
可以由境內聯行擔任。對此，境內聯行必須注意按照《跨境擔保
外匯管理規定》，對跨境擔保涉及的境外借款人違約情況及違約
原因等進行必要的識別。

三、必須將債權質權已設定的事實通知出質債權的債務人

根據《最高人民法院關於適用〈中華人民共和國擔保法〉若
干問題的解釋》第一百零六條的規定：「質權人向出質人、出質
債權的債務人行使質權時，出質人、出質債權的債務人拒絕的，

質權人可以起訴出質人和出質債權的債務人，也可以單獨起訴出質債權的債務人。」法律上賦予了質權銀行直接向債務人主張債權的權利，因此銀行也有必要事先將債權質權已設定的事實，通知出質債權的債務人。

【5】不動產跨境抵押業務法律分析（上）

中國大陸不動產直接抵押給境外銀行的擔保方式，已逐漸被接受，持有中國大陸不動產的主體有兩類，一類是境外主體持有，另一類是中國大陸主體持有。

如果是境外自然人持有中國大陸不動產，並以此擔保境外借款人在境外銀行融資，屬於其他形式跨境擔保，無須在外管局辦理登記，只要在不動產所在地房地產交易中心辦理不動產抵押登記。由於2006年中國大陸建設部等六部門發布《關於規範房地產市場外資准入和管理的意見》，明確限制在境內沒有設立分支機構、代表機構的境外機構在中國大陸境內購房，因此該文發布後，境外主體持有境內不動產的情形僅限於境外自然人和在中國大陸境內設立分支機構、代表機構的境外機構。

如果是中國大陸主體持有中國大陸不動產，並以此擔保境外借款人在境外銀行融資，則屬於「內保外貸」，中國大陸抵押人應在所在地外管局辦理「內保外貸」登記。同時外管局會審核境外借款人還款來源、資金用途等。必須注意的是，由於實務中暫未開放中國大陸自然人單獨提供對外擔保，因此如果房屋所有權人為中國大陸自然人的話，則無法進行「內保外貸」登記。

須注意的風險

以中國大陸不動產為擔保品時，必須注意的風險如下：

1. 須查詢不動產權利瑕疵。了解不動產是否存在抵押？是否被司法機關查封？查詢部門是不動產交易中心，以上海、廣州為

例，在明確知悉房屋具體地址的前提下，憑身分證件（居民身分證或台胞證），可取得該部門加蓋文件案章的關於房地產抵押、查封等狀況的書面資料；若在蘇州，則須憑法院或仲裁機構的立案文件，方可獲得前述書面資料，否則只能進行口頭查詢。

2. 須了解不動產是否存在租賃。根據中國大陸物權法的規定，抵押權設立之前，如果抵押物存在租賃情形，則將來拍賣抵押物時，適用「買賣不破租賃」原則，即買受人必須繼續承繼租賃合同，履行出租人的義務。

3. 須了解不動產所有人是否已婚？是否存在中國大陸配偶？根據《中華人民共和國涉外民事關係法律適用法》第三十六條：「不動產物權，適用不動產所在地法律。」中國大陸不動產跨境抵押必須適用中國大陸法律，同時根據《中華人民共和國婚姻法》的規定，在雙方沒有特別約定的情形下，婚姻關係存續期間取得的財產屬於夫妻雙方共有。因此，如果不動產所有人已婚，且不動產取得時間在其結婚後，那麼即便產證上只有一方的名字，該不動產仍屬於夫妻共有。對於共有財產，《最高人民法院關於適用〈中華人民共和國擔保法〉若干問題的解釋》規定：「共同共有人以其共有財產設定抵押，未經其他共有人的同意，抵押無效。但是，其他共有人知道或者應當知道而未提出異議的視為同意，抵押有效。」意味著，銀行接受共有財產為抵押物時，必須經過其他共有人的同意。具體呈現的方式，可以請不動產所有權人的配偶以抵押物共有人的身分，在抵押合同簽字確認同意抵押，也可以請不動產所有權人的配偶出具同意抵押承諾書。辦理抵押登記實務中，部分不動產交易中心（比如昆山、蘇

州等）要求未在產證上的配偶，也必須出場確認抵押行為經其同意。

　　另外，確認配偶身分是否為中國大陸主體的原因，是基於中國大陸自然人無法辦理「內保外貸」登記。若不動產所有權人中有中國大陸自然人，「內保外貸」項下發生擔保履約時，會因無法提供中國大陸自然人內保外貸登記的證明文件，而無法將這部分履約款匯出。

【6】不動產跨境抵押業務法律分析 (下)

中國大陸不動產跨境抵押涉及登記的環節有兩項：1. 如構成「內保外貸」，中國大陸擔保人必須至所在地外管局辦理「內保外貸」登記。2. 辦理不動產抵押登記。如涉及「內保外貸」登記，則建議先辦妥此項登記，否則會造成擔保履約款無法匯出境外的風險。

不動產抵押登記環節中，借款合同和抵押合同是必須準備的資料，但對於主從合同是否必須公證，各地抵押登記部門要求不一。以上海為例，抵押登記部門明確規定，只要一方當事人是境外主體，即為涉外合同，涉外合同必須經過公證。

不動產跨境抵押涉及的借款合同，在法律適用上，當事人可以按照「最密切聯繫」原則進行選擇，可以選擇適用台灣法律。該借款合同在台灣進行公證後，到中國大陸不動產所在地的公證人協會進行認證。其次，對於涉及的抵押合同，則必須適用不動產所在地法律，即中國大陸法律。

實務中，境外銀行考慮到執行的便捷，也會就借款合同和抵押合同在中國大陸公證機關做具有強制執行效力的公證債權文書（以下簡稱「強執公證」）。強執公證的優勢在於，一旦借款人發生違約事實，銀行可以憑該強執公證到公證機關換發執行證書，進而不經訴訟程序即可直接向人民法院申請強制執行。強執公證並非抵押登記部門強制要求的公證，境外銀行可根據境外借款人的履約能力，酌情考慮是否要運用該保障手段。

公認證程序

　　不動產抵押登記環節中，另外還必須提供境外銀行和境外借款人的主體資格公認證文件，如境外銀行的經理或抵押人不能到場親自辦理抵押業務，則必須提供委託書，而這份委託書也應當經過公認證。關於公認證的程序簡要說明如下：

　　1. 台灣地區：若為台灣法人，須提交營利事業登記證、法定代表人證明；若為台灣個人，須提交台灣身分證明、「台灣居民來往大陸通行證」。以上須在台灣公證機關辦理公證後，經海基會寄送副本，再經使用該公證文書所在地省一級公證員協會認證。

　　2. 香港、澳門地區：主體資格證明或身分證明應當按照專項規定或協議辦理。例如，若為香港法人，須提交註冊證書和商業登記證、法定代表人證明；若為香港個人，須提交香港身分證明、「港澳居民來往內地通行證」。以上須經中國大陸司法部委託的香港律師公證，並加蓋「中國法律服務（香港）有限公司」轉遞章。

　　3. 港澳台以外其他國家或地區：主體資格或護照須經其所在國家主管機關公證後，送中國大陸駐該國使（領）館認證。如所在國家與中國大陸沒有外交關係，則應當經與中國大陸有外交關係的第三國駐該國使（領）館認證，再由中國大陸駐該第三國使（領）館認證。若是某些國家的海外屬地出具的文書，則應先在該屬地辦妥公證，再經該國外交機構認證，最後由中國大陸駐該國使（領）館認證。例如，在英屬維京群島註冊登記的企業，須由中國大陸駐英國的使領館認證。

　　銀行在承做不動產抵押業務時，必定會要求借款人出具不動產評估報告。考慮到處分不動產產生的稅費（包括營業稅及附加、所得稅、交易手續費）將影響銀行受償金額，因此，應在評估價值扣除處分稅費後，再乘上成數予以撥貸。當然，實務中，有的抵押登記部門並不須收取不動產評估報告，而有的抵押登記部門要求必須提供評估報告，甚至對評估報告出具的主體限定範圍，對此細節均須在辦理抵押登記前弄清楚。

【7】徵提跨境擔保品應注意風險（上）

中國大陸境內目前可提供給境外銀行，設定做為擔保的擔保品有不動產、上市公司股票、定期存單和境內應收帳款四種，銀行在接受這些擔保品前，須注意該擔保行為是否符合中國大陸法律規定，及日後萬一履約，擔保品可否真正變現以償還境外銀行貸款。

以下分別就這四種境外銀行常見的擔保品進行風險分析。

一、不動產

接受不動產做為擔保品，銀行最重要是清查該筆標的不動產是否存在抵押、司法查封等情形，目前最安全的做法，是親自到該不動產所在地的登記部門現場查詢。在上海、廣州、深圳等地，銀行只要派人持有效身分證件，在了解房屋具體座落地點信息情況下，就可進行書面查詢，但要注意，中國大陸擔保法明文規定，類似學校、幼稚園、醫院等以公益為目的的事業單位、社會團體等，其教育設施、醫療衛生設施和其他社會公益設施，都禁止被用做抵押。

其次，對台資銀行來說，常無法理解中國大陸對唯一住房「只能查封不能執行」，也就是保障社會弱勢團體的做法；其實，雖然被執行人只要證明自己僅有一套房屋，銀行就不能執行拍賣房屋，但如果被執行人名下的唯一住房，已經超出了被執行人及其所扶養家屬生活必需的範圍，則法院還是可以強制執行，但特別要注意的是，這裡所謂的執行人，僅限於大陸居民，對那

些在大陸買房的境外居民來說，不適用這個「唯一住房不能拍賣」的保護限制條款。

另外，境外銀行還應審查這些準備做為跨境抵押的中國大陸不動產，到底是個人婚前財產還是婚後財產？如果是屬於婚後財產，則務必注意，要先徵得不動產共有人同意抵押的書面資料，根據中國大陸婚姻法規定，在沒有約定情況下，夫妻在婚姻關係存續間所獲得的財產，都歸夫妻共有，因此，即便房屋產證上只有夫妻其中一方的名字，該房產也仍屬於夫妻共同財產，如果是共有的抵押物，依中國大陸擔保法司法解釋，抵押行為須取得共有人同意，否則該抵押無效。

二、大陸上市公司股票

目前個人持有的中國大陸上市公司股票，無法由第三方去查詢上市公司股票質押詳細狀況，只能在股票質押正式登記前，由出質人親自至中國證券登記結算有限公司上海分公司或深圳分公司，對其名下的股票質押狀況進行查詢，那些已辦理出質登記的股票，或已被法院依法凍結的股票，都不得出質。

但由於目前台商在中國大陸上市後，所持有的A股股票根據不同身分有不同禁售期要求，例如實際控制人一般都是禁售三年，其餘小股東則多是一年，最高法院在2004年《最高人民法院執行工作辦公室關於上市公司發起人股份質押合同及紅利抵債協議效力問題請示案的覆函》中，對限售期內股票是否可以質押，及其質押的法律效力問題，進行過解釋。

限售期內股票，如果質押在限售期先於行權時間結束情況

下，應當認定該質押合同有效，因此，如果限售期超過行權時間結束，則這質押行為就存在無效風險。要特別注意的是，目前中登公司對限售股予以辦理質押登記，僅進行形式審查，並不對質押登記效力做出判斷。

　　所以，境外銀行應審查準備質押的上市公司股票是否處於限售期，盡可能避免取得質權效力不確定的限售股票做為質押的擔保品。

【8】徵提跨境擔保品應注意風險（下）

對於境外銀行可接受的四種「跨境擔保」擔保品：中國大陸境內不動產、上市公司股票、定期存單和境內應收帳款，上一章已分析了前兩種，以下再繼續分析定期存單和境內應收帳款兩種常見擔保品。

三、定期存單

以定期存單做為擔保品，可依定期存單的所有者是中國大陸個人、中國大陸法人（包含中國大陸台資企業）和外籍個人（包含台灣居民）三種情況，進行分析。

若是以中國大陸個人名下定期存單做為境外融資擔保品，目前實務中仍無法單獨辦理個人的「內保外貸」登記，必須由該中國大陸居民與中國大陸法人共同為境外融資提供擔保，並在擔保的中國大陸法人所在地外管局辦理登記手續，才有可能實現以中國大陸個人定期存單做為境外銀行擔保品的目的。

至於中國大陸法人名下的定期存單，若要做為境外融資項下的擔保品，中國大陸物權法並無限制性規定，只是欠缺具體操作的明確規範，處於法律與實務操作間的模糊階段，還有待實際操作層面上的案例。

另外，如果是台灣居民在中國大陸本地銀行（包含在中國大陸的台資銀行）的定期存單，要做為境外融資項下的擔保品，則質權銀行須注意審核該存款來源的合法性，擁有該帳戶的台灣居民需要能清楚交代個人帳戶內的資金來源及是否已完稅，才能避

免將來一旦履約，要匯出款項時因該台灣居民無法提供稅單等證明資金來源的合法文件，而遭外管局不同意匯出的風險。

四、應收帳款

　　中國大陸境內應收帳款是許多境外銀行極欲爭取的跨境擔保品，只不過相關法律手續較為複雜，按中國大陸法律分析，境內應收帳款完全可以質押給境外銀行，但必須核查應收帳款的真實性，銀行除了要審核交易合同、發票、報關單或物流憑證、應收帳款所涉及交易雙方的對帳情況外，還須審視合同交易價格的合理性，以降低日後一旦履約時銀行的風險。

　　由於中國大陸法律規定超過訴訟時效的債權將喪失勝訴權，因此境外銀行應注意應收帳款的時效性，必須確定設定質押的應收帳款沒有超過訴訟時效，否則會增加債權確保的風險。

　　以應收帳款出質的情況來看，企業與銀行雙方必須簽定書面合同，質權自「中徵動產融資（權屬）統一登記公示平台」系統出質登記時就設立，境外銀行可以委託中國大陸境內的子行、分行或其他聯行辦理這項登記。

　　最後，境外銀行如果是以中國大陸境內的定期存單辦理跨境擔保業務，除了要注意上述中國大陸法律上的風險外，還須注意審查境內擔保人是否已經按照29號文要求辦理「內保外貸」外匯登記，如此在日後發生擔保履約時，才能順利將履約款項匯出。

【9】中國大陸實施不動產統一登記
　對銀行抵押業務的影響

　　中國大陸於2015年3月1日實施《不動產統一登記暫行條例》，即由不動產登記中心統一辦理土地、房屋、海域、林權等權利證書。

　　長期以來，土地、房屋、海域、林權的登記業務分別由國土資源局、住房和城鄉建設局、海洋與漁業局、林業局管理。

　　以房地產登記為例，上海、北京、廣州、深圳、廈門、天津等房地合一地區，上海早在1996年3月1日已經實施房產證、土地證兩證合一政策，而中國大陸很多地區（比如福州、武漢、成都、長沙、蘇州等），房地產登記實施分別管理，即辦理不動產登記時，權利人必須至房產交易中心辦理房產證，到國土資源局辦理土地證。根據中國大陸國土資源部的工作安排，力爭2016年年底前全境內所有市縣停發舊證、頒發新證。

　　實務中，不動產實施統一登記陸續落實，各地開始頒發首張不動產權證書，上海於2016年7月5日頒出首張不動產權證書。當然，不動產登記實施「不變不換」，即原來的房產證和土地證仍然有效，如不須辦理交易、變更等登記，可不用申請換證。簡而言之，是權利不變動，簿證不更換。由於原來頒發的房產證和土地證仍然有效，因此銀行在辦理抵押業務時，如發現客戶提供的產證並非房地產權證或者新版的不動產權證，則不僅必須查看房產證，還要查看土地證。

中國大陸主要城市不動產實施統一登記日期，請見下表。

地區	啟動不動產統一登記日期
武漢	2016年1月19日
海口	2016年7月25日
泉州	2016年8月1日 中心城區（鯉城區、豐澤區、泉州開發區）實施
上海	2016年10月8日
南京	2016年6月28日
昆山	2016年6月28日
蘇州	2016年1月5日
北京	2015年11月9日
深圳	2015年9月23日
廣州	2015年11月2日
廈門	2015年10月24日

　　以往，由於土地使用權和房屋所有權分別由國土資源局和房屋登記部門管理，客觀上造成登記的不便，甚至出現房屋和土地的抵押權人分屬不同銀行的情況，造成處置抵押物的難度增大。

　　隨著不動產統一登記制度實施，原來土地使用權抵押和房屋所有權抵押分別辦理的情形將消失。不動產將以不動產單元為基本單位進行登記，並對不動產單元進行唯一編碼，今後一旦土地上增設了房屋後，由於房屋的單元獨立性，其土地使用權必然要根據房屋單元進行分割，以保證不動產單元編碼的唯一性。

　　國家層面也將組織成立全國統一的國土資源與不動產登記信息平台，以後省（直轄市）、市、縣（區）各級不動產登記機構登記的信息納入該平台，實現信息即時共用。

　　目前，查詢不動產登記狀況（所有權、抵押權、查封等）的方式仍是現場查詢，而且必須在提供不動產具體地址的情形下，方可憑查詢人的有效身分證件查詢。「以人查房」獲取他人房屋信息的方式，目前仍不可操作。

　　不動產統一登記制度，使得銀行查詢不動產信息和辦理抵押登記更為方便。不動產登記中心一舉解決了銀行查詢房地的權屬情況，並避免了土地使用權抵押和房屋所有權抵押分別登記造成抵押權人分屬不同權利主體的現象。

【10】對合同預留空白處的處理

　　合同（即合約）是商業銀行開展信貸融資業務的重要法律文件，而銀行的格式（定型化）貸款合同中有部分內容是選項或空白，必須後期填寫，因此這對銀行從業人員，在合同管理和簽定時的責任、知識素質等方面有一定要求。合同的簽定規範，是銀行業務風險防範中的一項重要工作。

　　實務中存在著銀行合同要素填寫不全或空白的情形，形成由於使用格式合同過程中的不當或疏忽，造成銀行合同管理的疏漏。

　　以《借款合同》中常見的「提前還款條款」為例，空白處的不同填寫方式，會來帶來不同的法律後果。

　　根據《中華人民共和國合同法》借款合同專章中，第二百零八條規定：「借款人提前償還借款的，除當事人另有約定的以外，應當按照實際借款的期間計算利息。」說明借款人和銀行若對提前還款有特別約定，則按照雙方約定處理。即「有約定從約定，無約定從法定」原則。

　　假設《借款合同》對於提前還款內容如下：

　　借款人提前還款，應徵得貸款人同意。貸款人同意提前還款的，還款時對提前還款部分按以下第【　】種方式計收利息：

　　1. 按本合同約定借款期限和約定利率計收利息。

　　2. 按實際借款期限在本合同約定利率基礎上上浮百分之【　】計收利息。

　　根據這條約定，若借款人經貸款人同意提前還款，有三種計息方式，分別是：

　　1. 按約定借款期限和約定利率計收利息，即第一個選項。

　　2. 按實際借款期限，並在約定利率基礎上上浮一定比例計收利息，即第二個選項的利率上浮情形。

　　3. 按實際借款期限和約定利率計收利息，即第二個選項的利率上浮為零的情形。

　　三種提前還款方式中，顯然第一種方式對銀行是最有利的填法。因此在填寫時，填寫人應明確選擇第一個選項，並對其他空白內容用「畫線」方式處理，即：

　　借款人提前還款，應徵得貸款人同意。貸款人同意提前還款的，還款時對提前還款部分按以下第【1】種方式計收利息：

　　1. 按本合同約定借款期限和約定執行利率計收利息。

　　2. 按實際借款期限在本合同約定執行利率基礎上上浮百分之【／】計收利息。

　　如果未在空格部分用「畫線」或「填寫」方式處理，什麼都不填寫的結果則是按照對借款人最有利的利息支付方式，即按實際借款期限計收利息，利率不上浮。為什麼會是這樣的法律後果呢？

　　因為《中華人民共和國合同法》第四十一條明確規定：「對格式條款的理解發生爭議的，應當按照通常理解予以解釋。對格式條款有兩種以上解釋的，應當做出不利於提供格式條款一方

的解釋。格式條款和非格式條款不一致的，應當採用非格式條款。」該規定意味著，銀行做為格式合同提供方，當條款內容可能出現多種理解時，按照不利於銀行的理解處理。

　　由此可見，合同文本在實際使用過程中，應注意每個細節。簽定操作不當可能就是銀行風險所在。對於合同預留的空白處，務必注意填寫完整，以最大限度避免後續可能給銀行帶來的不利影響。

【11】銀行擔保物權因法定原因 喪失優先授權情形分析

銀行在開展信貸業務中，雖有設定抵押權或質權，但由於法律規定了一些擔保優先權的例外情形，導致銀行抵押權或質權無法優先受償。實務中，銀行應對此風險予以關注。

一、建設工程價款法定優先

1.法律規定

《中華人民共和國合同法》第二百八十六條第二款明確規定：「建設工程的價款就該工程折價或者拍賣的價款優先受償。」即意味著建設工程款先於銀行抵押權優先受償。

當然，建設工程承包人對工程價款主張有期限限制，對此，《最高人民法院關於建設工程價款優先受償權問題的批覆》（法釋〔2002〕16號）規定：「建設工程承包人行使優先權的期限為六個月，自建設工程竣工之日或者建設工程合同約定的竣工之日起計算。」

2.實務處理

當銀行接受的抵押物是建設工程時，除對抵押物價值評估風險外，還要調查抵押人是否存在拖欠工程款的行為。必要時，可以要求抵押人提供建築工程承包人出具的《放棄工程款優先受償權承諾書》。但銀行應確認，工程承包人出具的承諾書是真實意思表示，並非受脅迫、欺詐或乘人之危。

二、劃撥土地出讓金法定優先

1. 法律規定

《中華人民共和國擔保法》第五十六條規定：「拍賣劃撥的國有土地使用權所得的價款，在依法繳納相當於應繳納的土地使用權出讓金的款額後，抵押權人有優先受償權。」

2. 實務處理

銀行應慎重評估劃撥土地的真實市場價格，預估涉及的土地使用權出讓金，慎重處理「劃撥土地」抵押。

三、國家稅收法定優先

1. 法律規定

《中華人民共和國稅收徵收管理法》第四十五條規定：「稅務機關徵收稅款，稅收優先於無擔保債權，法律另有規定的除外；納稅人欠繳的稅款發生在納稅人以其財產設定抵押、質押或者納稅人的財產被留置之前的，稅收應當先於抵押權、質權、留置權執行。」

2. 實務處理

設定擔保前，銀行應調查擔保人是否存在稅收未繳清的情形，並判斷欠繳稅款發生時間，合理評估擔保物的擔保價值。

四、設定最高額抵押權的抵押物被查封影響銀行抵押權的實現

1. 法律規定

《最高人民法院關於人民法院民事執行中查封、扣押、凍結財產的規定》第二十七條規定：「（第1款）人民法院查封、扣

押被執行人設定最高額抵押權的抵押物的，應當通知抵押權人。抵押權人受抵押擔保的債權數額自收到人民法院通知時起不再增加。（第2款）人民法院雖然沒有通知抵押權人，但有證據證明抵押權人知道查封、扣押事實的，受抵押擔保的債權數額從其知道該事實時起不再增加。」

同時，《中華人民共和國物權法》第二百零六條規定，當「抵押財產被查封、扣押」時，抵押權人的債權確定。該規定說明，設定最高額抵押的抵押物被查封時，若銀行知道或應當知道該事實，則後續再發生的債權不具有優先受償效力。

2. 實務處理

銀行在抵押合同中應約定，抵押人有義務及時告知銀行抵押物查封的事實。在發放貸款前，應查詢權利瑕疵，了解是否存在法院查封狀況。如最高額抵押物被查封而銀行繼續發放貸款，則銀行應積極進行抗辯，以法院未通知、銀行「不知情」為抗辯理由，主張享有抵押權。

【12】銀行授信盡職調查說明（上）

　　商業銀行授信業務不斷出現各類重大信貸案件，暴露了商業銀行授信業務中普遍存在的問題，給銀行業帶來了很大的風險。《商業銀行授信工作盡職指引》是中國大陸銀監會對商業銀行徵信、授信和授信盡職調查提出的詳盡盡職要求和評價標準。該指引的主要內容包括五個方面，分別是：對授信主體三性核實；評估客戶的財務報表；對客戶非財務因素的風險進行識別；對授信項目的可行性進行評審；對第二還款來源進行分析評價。分述如下：

一、對授信主體三性核實

　　銀行對非自然人客戶的授信，首先應對授信主體合法性、真實性和有效性進行認真核實。

　　透過「企業信用公示系統」官網，可以查詢企業基本信息，包括：註冊資本、成立日期、營業期限、經營範圍、法定代表人、註冊地址、股東情況、董監高信息、動產抵押登記信息、股權出質登記信息、行政處罰信息等內容。

　　透過中國人民銀行徵信中心，可以查詢企業信用報告。該信用報告包括：當前負債明細、已還清債務明細、對外擔保明細、欠稅紀錄、民事判決紀錄、強制執行紀錄、行政處罰紀錄等。銀行尤其應關注借款人是否存在不良貸款紀錄。

　　透過最高人民法院，可查詢借款人是否有被列為「被執行人」的紀錄。列為「被執行人」，意味著其曾發生不主動履行生

效法律文書的行為。只要借款人曾被列為「被執行人」,紀錄會詳細顯示執行法院、立案時間、案號和執行標的。

二、評估客戶的財務報表

評估客戶的財務報表,是指對影響客戶財務狀況的各項因素進行分析評價,預測客戶未來的財務和經營情況。實務中有可能會發生無法從財務報表上看到的授信風險,請見下表:

財務報表	
可以看到	**可能無法看到**
銀行存款金額	保證金(定期存單)在報表上都是貨幣資金,但無法了解是否存在保證金(存單)質押。
應收帳款、存貨、固定資產、在建工程、無形資產、長短期投資	應收帳款、存貨、房地產、在建工程、商標權、專利權、著作權、土地使用權、股權等資產有沒有設定抵押或質押?
企業資產	是否已被查封、扣押、凍結或被強制執行?

下表說明如何審查財務報表中借款人資產的權利瑕疵。

資產	調查管道	說明
房產	當地房屋交易中心	1. 不動產統一登記的城市,查詢部門是不動產登記中心。 2. 以上海、廣州為例,查詢房地產抵押、查封等狀況,在明確知悉房屋具體地址的前提下,憑身分證件(居民身分證或台胞證)查詢。 3. 以蘇州為例,憑法院或仲裁機構的立案資料查詢。
土地使用權	當地國土資源局	
生產設備存貨	抵押人所在地的工商局	注意生產設備是否存在「售後回租」情形,可透過中國人民銀行徵信中心「動產融資統一登記系統」,查詢該設備的租賃狀況和所有權人。
車輛	公安局下屬車管所	可查抵押、保險等狀況。
存款	由存款人查詢後提供	請客戶說明存款是否存在定期存單或保證金質押情形。
企業股權	當地工商局	了解是否存在質押。
上市公司股票	由證券持有人憑身分證明和帳戶卡,向證券登記結算機構查詢	凡是客戶自己查詢的資料,必須留意有無加蓋查詢機構的公章。
商標權	中國商標網查詢系統	了解權利是否有效,是否存在質押。

資產	調查管道	說明
專利權	智慧財產權局專利檢索系統	1. 查詢條件中的發明名稱、申請（專利權）人、發明人、公開（公告）號、申請號、檢索要素中任選一種。 2. 專利權包括發明、實用新型和外觀設計三類。
著作權	中國版權保護中心版權登記查詢	1. 著作權沒有強制要求登記。 2. 可查詢電腦軟體著作權登記和作品著作權登記。
應收帳款	動產融資統一登記系統	以融資方全稱查詢，可查看應收帳款質押和轉讓登記等狀況。

【13】銀行授信盡職調查說明（下）

　　銀行對非自然人客戶的表內外授信（表內授信包括貸款、項目融資、貿易融資、貼現、透支、保理、拆借和回購等；表外授信包括貸款承諾、保證、信用證、票據承兌等），除了前一章提及的應對授信主體三性進行核實及評估授信主體的財務報表外，還應對以下內容進行盡職調查。

一、對客戶非財務因素的風險進行識別

　　非財務因素包括公司治理、管理層素質、履約紀錄、生產裝備和技術能力、產品和市場、行業特點、宏觀經濟環境等。

　　中國大陸官方針對18種行業執行「去產能」政策，這些行業有：煉鐵、煉鋼、焦炭、鐵合金、電石、電解鋁、銅冶煉、鋁冶煉、鋅冶煉、水泥、玻璃、造紙、酒精、味精、檸檬酸、製革、印染、化纖。因此，銀行也應調整對「去產能」行業的授信比例。

　　另外，必須注意的是，「五險一金」應列入授信評估指標。因為中國大陸社保法要求企業按照員工的實際收入繳納五險一金，但事實上，實繳五險一金將增加人事成本，因此存在不按照實際工資而只是按照國家規定的最低繳納基數繳納五險一金的情況。對此，銀行應核查工資總額和繳納五險一金金額，確定是否足額繳納。鑒於企業存在補繳五險一金風險，因此如果遇到借款人沒有足額繳納五險一金情況，銀行應在財報利潤中扣除未繳足金額，還原公司真實獲利情況。

二、對授信項目的可行性進行評審

銀行對授信案件的可行性進行評估,必須根據中國大陸銀監會公布的「三個辦法一個指引」等規範文件操作。

三個辦法指《流動資金貸款管理暫行辦法》、《固定資產貸款管理暫行辦法》、《個人貸款管理暫行辦法》,一個指引指《項目融資業務指引》。三個辦法一個指引構成了銀行業的貸款業務法規框架,強化了貸款的流程管理,比如要求銀行對特定情況採用受託支付方式,即銀行將借款資金支付至借款人帳戶後立即再通過借款人帳戶轉帳給其交易對手的帳戶,此方式可以控制借款資金用途,減少貸款挪用的風險。

三、對第二還款來源進行分析評價

銀行應對第二還款來源進行分析評價,確認保證人的保證主體資格和代償能力,以及抵押、質押的合法性、充分性和可實現性。請見下頁表格。

無論是質押、抵押還是保證,為確保真實合法有效,應該注意:

1. 為確保擔保真實,銀行應審查擔保人主體資格的合法性、真實性。

2. 為確保擔保合法,應根據法律的規定,審查擔保人的擔保行為是否是真實意思表示,比如取得股東會或董事會決議、取得抵押物共有人的同意書。

3. 為確保擔保有效,應依法辦理相應的抵押、質押登記,或跨境擔保時涉及的外管局登記手續;審查擔保品有無權利瑕疵。

比如，若對方為自然人保證，必須考慮自然人是否已婚，配偶是
否必須在保證合同中簽字，以便於執行夫妻共同財產問題等。

擔保方式	具體類型	對銀行保證力度及處置建議
質押	動產質押（保證金）	較安全，處置較為容易。
	權利質押（票據、定存單、應收帳款等）	
抵押	在建工程抵押	較安全，處置較為繁瑣。 建議：事先簽定《委託變賣協議》，一旦借款人違約可立即變賣而不是司法拍賣。
	不動產抵押	
	設備、交通運輸工具抵押	
保證	第三方保證	除銀行保函外較不安全。 建議：一旦借款人違約，應立即起訴查封保證人名下財產。

【14】公司公章和法定代表人簽字的法律效力分析

銀行從業人員有時會困惑，銀行合同是加蓋公章即可，抑或加蓋公章的同時還需要法定代表人簽字呢？對此問題，我們必須結合中國大陸相關法律規定來進行判斷。

所根據的法律規定有：

1.《中華人民共和國合同法》第三十二條規定：「當事人採用合同書形式訂立合同的，自雙方當事人簽字或者蓋章時合同成立。」

2.《中華人民共和國民法通則》第三十八條：「依照法律或者法人組織章程規定，代表法人行使職權的負責人，是法人的法定代表人。」

3.《中華人民共和國民法通則》第四十三條：「企業法人對它的法定代表人和其他工作人員的經營活動，承擔民事責任。」

基於法定代表人做為公司代表，具有代表公司做出意思表示的法定權利，說明從法律規定來看，在銀行合同上由公司蓋章或者法定代表人簽字（蓋章），均對公司有法律上的約束力。

但由於實務中，公章或法人章比較容易偽造，因此銀行通常會要求公章加法定代表人面簽的方式。如果無法做到面簽，也可以請借款公司提供最高權力機構（股東會或董事會）的決議原件，以此證明借款合同是公司本身的真實意思表示。

如果未取得最高權力機構（股東會或董事會）決議原件，借款合同只有加蓋公章和法人章，沒有法定代表人簽字，則如之前分析，法律上僅有公章、沒有法定代表人簽字，合同仍有效。若

當事人否認公章真實性，其應當承擔舉證責任。

　　為證明銀行在承辦案件中已盡到謹慎注意義務，建議：

　　1. 要求借款人提供法定代表人身分證明，並確認法人章的真實性。

　　2. 為確保借款人公章的真實性，建議銀行至工商局查閱加蓋該公司公章的內部文件，列印後加蓋工商局檔案章，由借款公司出具承諾，證明該公司在合同上加蓋的公章與工商局調取的資料上的公章一致。

　　因此，銀行合同上加蓋借款人公章同時又有法定代表人簽字，對銀行是最有利的。當然實務中，也經常會遇到法定代表人無法到銀行親簽合同的情形。如果法定代表人無法親簽，可以委託他人代為簽字。對此，銀行應取得授權委託書，需要注意以下事項：

　　1. 授權委託書的真實性是審核的關鍵，可以要求法定代表人在銀行人員的見證下於授權書上簽字，或者要求對授權委託書進行公證。

　　2. 注意授權期限和授權範圍。比如銀行人員應注意受託方簽訂合同時，是否超過授權期限？授權範圍是否明確表明受託方有權在多少借款金額範圍內的借款合同上簽字等。

　　此外，還需要注意受託方在簽訂借款合同的當下，其提供的授權委託書上載明的法定代表人，是否是借款人公司當前現任有效的法定代表人。

　　對於法人做為交易相對方時，銀行的審查義務應高於自然人，需要對受託人的許可權、委託真實性、公章真實性、借款行

為是法人真實意思表示等情況，進行全面嚴格審查，承擔起金融機構發放貸款應盡的謹慎注意義務。

【15】已經抵押的房屋如遇拆遷的處理

對於已經抵押的房屋，被列為合法拆遷範圍時，實務中有的拆遷人可能未盡到謹慎注意義務，將抵押房屋拆除，並將補償款直接支付給抵押人，最終造成銀行因抵押房屋被拆除而受損害的後果。

《最高人民法院關於適用〈中華人民共和國擔保法〉若干問題的解釋》第八十條第一款規定，在抵押物滅失、毀損或者被徵用的情況下，抵押權人可以就該抵押物的保險金、賠償金或者補償金優先受償。該條第二款則規定，抵押物滅失、毀損或者被徵用的情況下，抵押權所擔保的債權未屆清償期者，抵押權人可以請求人民法院對保險金、賠償金或補償金等採取保全措施。根據這些規定，銀行做為抵押權人，可以就被徵用而拆除的抵押房屋所涉的補償金要求優先受償。

鑒於中國大陸國務院制定的《國有土地上房屋徵收與補償條例》中並未規範拆遷人必須就拆遷事實通知抵押權人，因此銀行應注意在抵押合同中，要求被拆遷人（抵押人）應自行將抵押房屋已被列入拆遷範圍的事實通知抵押權人，並與抵押權人協商拆遷補償款的支付方式。

以上海為例，如果抵押權人與抵押人無法就抵押權及其所擔保債權的處理問題達成協商並以書面協定的話，根據《上海市國有土地上房屋徵收與補償實施細則》第三十九條規定：「房屋徵收部門對被徵收人實行貨幣補償的，應當將補償款向公證機構辦理提存；對被徵收人實行房屋產權調換的，抵押權人可以變更抵

押物。」對採用產權調換補償方式,如果因抵押人不予配合而造成變更無法完成,抵押權人可以透過訴訟等方式保障自身權益。

實務中,拆遷人為保證拆遷的順利進行,通常會通知抵押權人關於抵押物已列入拆遷範圍的事宜。銀行做為抵押權人應盡快與被拆遷人協商處理債權。

簽署三方協議

對於抵押房屋遭遇拆遷情形,銀行、借款人、抵押人可以簽署三方協議,就抵押房屋拆遷做出特別約定,比如:

1. 若編號為XX《最高額抵押合同》項下的抵押房屋發生拆遷、徵收或類似情形(以下統稱「拆遷」),借款人、抵押人應在知悉拆遷消息後的3日內通知貸款人。

2. 若拆遷採用產權調換補償形式,借款人、抵押人應與貸款人協商提前清償債務,或以拆遷調換的房屋繼續為借款設定抵押並簽訂相關協議,且配合貸款人為調換房屋辦理預告登記和抵押登記,並承擔相關費用。在新抵押登記辦理完成前,借款人、抵押人應當提供貸款人認可的擔保。

3. 若拆遷採用貨幣補償形式,貸款人有權就獲得的拆遷補償款優先受償;若借款履行期未屆滿,貸款人有權要求提前清償債務,或要求抵押人將拆遷補償款透過開立保證金專戶或存單等形式,為債務提供擔保並簽訂相關協議。

4. 借款人、抵押人如果違反承諾或約定,應該按編號為XX《借款合同》項下借款本金數額的百分之X向貸款人支付違約

金，同時貸款人有權利宣布借款提前到期，並要求抵押人和抵押物共有人履行擔保責任。

綜上，銀行對抵押房屋應按規定進行及時檢查，對於可能涉及規劃拆遷的狀況，更應密切關注拆遷公告，及時與抵押人及相關拆遷單位溝通協商，避免因疏忽管理抵押物而造成銀行損失。

【16】銀行以「以新貸償還舊貸」提供貸款注意事項

　　以新貸償還舊貸，是指借款人與貸款銀行之間存在借款關係，在該筆借款期屆滿前，貸款銀行向借款人重新發放一筆貸款，用於歸還或部分歸還前期貸款。

　　中國大陸銀監會、最高人民法院均認可「借新還舊」的法律效力，比如銀監會曾在2014年7月的《關於完善和創新小微企業貸款服務提高小微企業金融服務水準的通知》中明確規定，對流動資金周轉貸款到期後仍有融資需求，又臨時存在資金困難的小微企業，銀行可在原流動資金周轉貸款到期前與小微企業簽訂新的借款合同，需要擔保的話則簽訂新的擔保合同，落實借款條件，透過新發放貸款結清已有貸款等形式，允許小微企業繼續使用貸款資金。

一、銀行的告知義務

　　最高人民法院關於適用《中華人民共和國擔保法》若干問題的解釋，其中第三十九條明確規定：「（第1款）主合同當事人雙方協議以新貸償還舊貸，除保證人知道或者應當知道的外，保證人不承擔民事責任。（第2款）新貸與舊貸係同一保證人的，不適用前款的規定。」

　　也就是說，要求銀行對於借新還舊案件，應告知保證人以新貸償還舊貸的事實，銀行負有告知保證人其擔保項下借款資金真實用途的義務，如果銀行未履行該項告知義務，保證人免除保

證責任。當然，如果新貸與舊貸是同一保證人，即使保證人不知道借款資金用途為歸還前欠，保證人仍不能免除對新貸的保證責任。因為銀行和借款人之間的續貸合同，實際上已經免除了保證人對舊貸的保證責任，從保證責任而言，並未加重保證人承擔新貸的保證責任。

二、必須確定保證人已知悉

保證人在新貸所涉的保證合同上簽字，如何判斷屬於擔保法司法解釋要求的「保證人知道或者應當知道」的情形呢？對此，銀行需要注意：

1. 為確保保證人明知借款資金用途，可要求在其提供的股東會決議或董事會決議中，明確載明「同意本公司為某公司向銀行申請N萬元用途為借新還舊的人民幣貸款提供擔保」之類的表述。

2. 在借款合同中明確註明資金用途為以新貸歸還舊貸，以防保證人以不知情或以貸款銀行和借款人惡意串通為由提出抗辯。

3. 可以要求保證人出具知曉借新還舊事實，並自願承擔擔保責任的同意書。

雖然從字面來看，《擔保法司法解釋》第三十九條似乎僅針對保證人而言，並未對借新還舊中抵押人或質押人的責任承擔問題做出明確規定。但司法判例中，最高人民法院的裁判觀點是，抵押人或質押人比照適用《擔保法司法解釋》關於保證的相關規定，即意味著銀行應告知擔保人：借款人的借款行為是借新還舊。

　　因為，抵（質）押擔保與保證擔保同為法定的擔保方式，在第三人以其所有的財產為借款提供抵押擔保的情形下，第三人與債權人之間形成的抵（質）押擔保法律關係，在行為主體、意思表示、權利義務、法律目的、法律效果等方面，皆與保證擔保法律關係的特徵近似。

　　在借款實際用途為以新貸還舊貸的情況下，對於對此不知情的抵（質）押人和保證人來說，均會改變其在為借款提供擔保時對擔保風險的預期判定，實質上加重了抵（質）押人和保證人的擔保責任，從而產生對擔保人不公平的法律效果。因此，基於民法的誠實信用原則和公平原則，法院的觀點普遍認為《擔保法司法解釋》第三十九條關於保證的相關規定，可以比照適用於抵（質）押擔保問題。

　　綜上，為了有效降低銀行貸款風險、確保貸款資金回收，商業銀行在承做借新還舊業務時，應該堅持誠實信用的原則，告知擔保人真實借款情況，在主合同的貸款用途條款中註明為「借新還舊」，而不能籠統地填寫為「補充營運資金」，從而避免因擔保人對以新貸還舊貸不知情而免除其擔保責任的情況發生。

【17】保理業務中未來應收帳款轉讓風險

　　銀行承做應收帳款轉讓業務（即保理），應遵守中國大陸銀監會制定的《商業銀行保理業務管理暫行辦法》第十三條：「商業銀行不得基於不合法基礎交易合同、寄售合同、未來應收帳款、權屬不清的應收帳款、因票據或其他有價證券而產生的付款請求權等開展保理融資業務。」

　　未來應收帳款，是指商務合同項下債權人義務尚未履行完畢、預期將來可能會發生的應收帳款，《商業銀行保理業務管理暫行辦法》明確規定，商業銀行不得為未來應收帳款開展保理業務。因此，從銀行風險角度考量，不建議操作未來應收帳款的保理業務。

　　那麼，如果保理業務協議中有關於轉讓未來應收帳款的約定，該約定是否合法呢？

　　《中華人民共和國合同法》第七十九條規定：「債權人可以將合同的權利全部或者部分轉讓給第三人，但有下列情形之一的除外：根據合同性質不得轉讓；按照當事人約定不得轉讓；依照法律規定不得轉讓。」從合同法條款分析，該法律規定並未限制未來合同權利的轉讓。同時，合同法明確規定，若法律規定不得轉讓時，債權人不可以將債權轉讓，而此處的「法律」，僅指全國人大及其常委會制定的法律。但是，《商業銀行保理業務管理暫行辦法》僅為中國大陸銀行業監督管理委員會頒布的行政規章，該類規範性文件只能做為法院裁判說理的依據，並不能做為裁判依據。

已轉讓的債權應逐筆通知買方

因此，保理業務協議中關於轉讓未來應收帳款的規定並不違反法律的強制性規定。但銀行保理合約中若提及將現有的和未來的應收帳款一籃子轉讓的話，則務必要注意，對已發生的應收帳款轉讓應逐筆通知買方。如銀行未通知，對於買方而言，其無法判斷賣方與銀行應收帳款轉讓的約定對何筆債權生效，即買方無法知悉未來應收帳款中哪些已轉讓、哪些未轉讓。

實務中，買賣雙方簽訂的買賣合同可能是年度合約，即合同項下的買賣標的和金額尚不確定，而銀行承做的保理可能是就該年度買賣合同全數轉讓的保理。因此，如果銀行和賣方向買方僅做一次一籃子通知，即發出自某年某月某日至某年某月某日買賣雙方之間的債權全部轉讓給銀行的概括通知，基於前文對未來應收帳款轉讓的分析，這樣的做法存在法律風險，可能會產生應收帳款未轉讓的法律後果。

因此，銀行務必要注意在確定發生債權轉讓時，就已轉讓的債權逐筆通知買方。對於承做未來應收帳款轉讓業務的銀行而言，發生一筆交易轉讓行為，就該轉讓逐筆通知債務人（買方）非常重要！不建議將未來債權以一籃子籠統通知的方式處理，因為這樣操作會導致無效通知，進而造成轉讓不發生效力的法律後果。

【18】利用混合擔保確保銀行債權

　　混合擔保，是指對同一債權既有保證（無需區分一般保證還是連帶保證），又有抵押及／或質押擔保，即《中華人民共和國物權法》第一百七十六條所規定的「被擔保的債權既有物的擔保又有人的擔保」的情形。

　　混合擔保可以分為以下三種情形：

　　1.同一債權既有保證人，又有債務人提供的物的擔保。

　　2.同一債權既有保證人，又有第三人提供的物的擔保。

　　3.同一債權既有保證人，又有債務人提供的物的擔保和第三人提供的物的擔保。

　　若同一債權項下存在混合擔保情形，銀行主張權利時，要如何考慮實現人的保證或物的擔保的先後順序呢？

　　對此，《物權法》第一百七十六條規定，被擔保的債權既有物的擔保又有人的擔保時，債務人不履行到期債務或者發生當事人約定的實現擔保物權的情形，債權人應當按照約定實現債權；沒有約定或者約定不明確，而債務人自己提供物的擔保時，債權人應當先就該物的擔保實現債權；第三人提供物的擔保時，債權人可以就物的擔保實現債權，也可以要求保證人承擔保證責任。提供擔保的第三人承擔擔保責任後，有權向債務人追償。

　　因此，當存在混合擔保情形而雙方並未對實現債權方式進行約定時，則按照物權法規定處理，如下表所示：

混合擔保情形	處理結果 （在沒有約定或約定不明的情形下）
1. 同一債權既有保證人， 又有債務人提供的物的擔保	債權人只能先行使擔保物權以受償債權，而後在不能完全受償的餘額範圍內再向保證人主張，即保證人僅對物的擔保以外的債權額承擔保證責任。
2. 同一債權既有保證人， 又有第三人提供的物的擔保	債權人可以自行選擇要求實現物的擔保或者人的保證。
3. 同一債權既有保證人， 又有債務人提供的物的擔保和第三人提供的物的擔保	債權人應當要求債務人先就物的擔保實現債權，對於未受清償部分，債權人可以自行選擇要求保證人承擔保證責任或者要求第三人就物的擔保實現債權。

　　在沒有約定的情況下，債權人只能向債務人先行使擔保物權以受償債權，而後在不能完全受償的餘額範圍內再向保證人主張。鑑於前述風險，建議在保證合同中約定：無論主合同項下的債權是否有其他擔保，銀行均可直接要求保證人承擔保證責任。

【19】加速到期條款的法律效力分析

　　銀行的借款合同中對借款人的違約責任，通常會約定為銀行有權視借款人的違約情況採取「提前收回融資額度內已發放的貸款本息」、「停止剩餘融資額度的使用」等相關措施。銀行為預防信貸風險，透過合同約定的方式設置「提前收回貸款本息」的做法，在貸款業務中稱為「加速到期條款」。

　　銀行宣布貸款提前到期的依據，是貸款合同中已經明確約定了如果發生特定情形，即使債務尚未到期，債權人有權宣布貸款提前到期。而該約定是否為借款人和貸款人意思自治的表示，是否違反法律、行政法規的強制性規定，加速到期條款是否有效，均直接影響到銀行能否依據該條款宣布貸款提前到期。對此分析如下：

　　1.貸款加速到期條款，在法律性質上屬於附生效條件的合同條款，必須以所附條件的發生為生效前提。在金融借款合同糾紛中，銀行一般將借款人發生違約情形做為宣布提前收回貸款的條件，例如借款人逾期或未按約定歸還貸款本息、改變貸款用途等違約情形。當貸款加速到期條件成就時，銀行有權單方面宣布貸款合同原約定的還款期限提前屆滿，借款人負有及時清償貸款本息的義務。從有效控制貸款風險、順利收回貸款資金的角度考量，銀行應當在簽訂貸款合同時明確約定貸款加速到期條款。

　　2.貸款加速到期條款為銀行單方提供的格式（定型化）條款。《中華人民共和國合同法》規定，若提供格式條款一方免除自身責任、加重對方責任、排除對方主要權利，該條款無效。同

時，如果雙方對格式條款的理解發生爭議，應當按照通常理解予以解釋。對格式條款有兩種以上解釋時，應當做出不利於提供格式條款一方的解釋。因此，銀行在簽訂貸款合同時應當特別注意，為了避免有關貸款加速到期條款產生糾紛，銀行在與借款人簽訂貸款合同時，可以採取合理方式提醒對方注意該條款並予以解釋說明，以使借款人清楚了解貸款合同約定的雙方具體權利義務，有利於維護銀行的合法權益。

3. 破產案件中「加速到期條款」的適用，須注意的是，《中華人民共和國企業破產法》第三十二條規定，人民法院受理破產申請前六個月內，債務人有「對未到期的債務提前清償」的情形，仍對個別債權人進行清償時，管理人有權請求人民法院予以撤銷。實務中，有些法院認為，如果銀行不知借款人發生資不抵債的情形，則不應撤銷該清償行為；而有些法院認為，即使是正常償債行為，只要其他債權人沒有同時受償，破產企業管理人有權申請法院撤銷該清償行為。

此外，貸款加速到期與解除合同有所區別。從《中華人民共和國合同法》第二百零三條「借款人未按照約定的借款用途使用借款的，貸款人可以停止發放借款、提前收回借款或者解除合同」來看，上述法律條款明確把貸款加速到期和解除合同視為貸款人維護其合法權益的兩種不同救濟方式。

貸款加速到期與解除合同產生的法律後果不同。以「貸款加速到期」為例，在借款期限視為提前屆滿的情形下，當事人之間約定的其他權利義務關係仍屬有效，應當繼續履行，因此銀行可

依據合同約定，向借款人主張罰息利率。但在「解除合同」情形下，其法律後果是恢復原狀，雖然本金可以收回，但逾期利息則不能按照合同約定的罰息利率計算。因此從舉證責任承擔和權益最大化救濟角度來看，銀行明確約定貸款加速到期條款更為妥當和有利。

【20】在借款合同明確約定的情形下，可對逾期利息同時主張罰息和複利

　　銀行借款合同涉及的「利息」，包括合同期限內的「正常利息」，和借款人未按借款合同約定日期還款產生的「逾期利息」。

　　「逾期利息」可以按照借貸雙方約定的罰息利率計收，這點並無爭議。《關於人民幣貸款利率有關問題的通知》（銀發〔2003〕251號）第二條明確規定：「逾期貸款罰息利率為在借款合同載明的貸款利率水準上加收30%～50%。」

　　但對於「逾期利息」是否可以按照罰息計收複利，比如借款合同約定逾期貸款罰息利率為約定利率加收50%，即逾期利息為正常利息的150%（正常利息100% + 逾期罰息50% = 150%）。那麼對因逾期而產生的「罰息」（即50%部分），能否一併計收複利？對此，實務中會因案件情況不同、審理法官不同等因素，而產生不同的裁判結果。目前，裁判結果大致有三種：

　　1. 合同明確約定對逾期罰息計收複利，法院予以支持，主要基於該約定是雙方當事人的真實意思表示，且未違反法律、行政法規的強制性規定。

　　2. 合同未明確約定對逾期罰息計收複利，僅約定對未支付的利息計收複利，在借款人認可或者沒有異議時，法院予以支持。

　　3. 合同未明確約定對逾期罰息計收複利，僅約定對未支付的利息計收複利，而借款人認為對逾期罰息計收複利明顯不公，加重其義務，此時法院認為複利計算基數應僅為正常利息，即合同

期內的應付利息，不包括逾期罰息。

目前關於複利的計算方式，中國人民銀行有兩個規範性文件。

第一，《人民幣利率管理規定》第二十條：「對貸款期內不能按期支付的利息按貸款合同利率按季或按月計收複利，貸款逾期後改按罰息利率計收複利。」

第二，《關於人民幣貸款利率有關問題的通知》（銀發〔2003〕251號）第三條：「對逾期或未按合同約定用途使用借款的貸款，從逾期或未按合同約定用途使用貸款之日起，按罰息利率計收利息，直至清償本息為止。對不能按時支付的利息，按罰息利率計收複利。」

因此，在借款合同沒有明確約定「罰息一併計收複利」時，基於逾期產生的「罰息」已經帶有違約懲罰性質，再以此為基數計收「複利」，有雙重處罰之嫌，對借款人明顯不公平。因此複利的計算基數應僅為合同期內正常的應付利息，而不包括逾期後的罰息。

銀行訂立借款合同時需要特別注意，如果銀行提供的借款合同範本中對逾期罰息是否計收複利約定不明，在向法院訴請對罰息計收複利時，很可能因為缺乏法律和合同依據而被駁回。如果在合同條款中明確約定對逾期罰息計收複利，比如載明：「借款人未按期支付利息的，銀行有權從未按期支付之日起按日計收複利。」具體表現為：「借款到期之日前未按期支付利息的，按合同約定的借款利率計收複利；借款到期之日後，按合同約定的逾期罰息利率對罰息計收複利。」基於當事人之間真實的意思表

示，且不違反法律、行政法規的強制性規定，該項約定合法有效，相應訴訟請求就可以得到法院的支持。

【21】「先租後抵」適用買賣不破租賃原則

　　《中華人民共和國物權法》規定：「訂立抵押合同前抵押財產已出租的，原租賃關係不受該抵押權的影響。」即意味著，對於銀行設定抵押權之前已經存在租賃關係的房屋，當銀行實現抵押權時，買受人仍要承受原租賃合同的效力。

　　實務中，有部分當事人利用銀行無法查清租賃合同簽署時間的真實性，並輔之以假租金收據，故意採用倒簽租賃合同的方式（即將合同簽訂日期提前到抵押登記之前）來對抗銀行抵押權，因「買賣不破租賃」原則，致使銀行處置抵押物的難度大大增加。

　　值得注意的是，2015年5月5日正式施行的《最高人民法院關於人民法院辦理執行異議和覆議案件若干問題的規定》第三十一條規定：「（第1款）承租人請求在租賃期內阻止向受讓人移交占有被執行的不動產，在人民法院查封之前已簽訂合法有效的書面租賃合同並占有使用該不動產的，人民法院應予支援。（第2款）承租人與被執行人惡意串通，以明顯不合理的低價承租被執行的不動產或者偽造交付租金證據的，對其提出的阻止移交占有的請求，人民法院不予支持。」

　　該司法解釋明確規定了承租人主張其房屋租賃權在先，必須具有簽訂租賃合同並占有使用房屋先於法院查封的事實。結合《房屋租賃合同糾紛司法解釋》第二十條規定，可以確定有關房屋租賃和抵押先後順序的統一認定標準是，簽訂租賃合同並占有使用房屋與房屋抵押登記的先後時間。

　　因此，法院在認定房屋租賃和抵押先後順序的操作細節時，通常會關注以下事項：

　　1. 簽訂租賃合同的時間是否在先，審查承租人是否在抵押登記前辦理了租賃登記備案手續，是否有其他確切證據證明在抵押登記前繳納了租賃稅，並已向抵押權人說明租賃情況等。

　　2. 占有使用房屋是否在先，審查承租人是否自抵押登記前至今仍在支付房屋租金、水電費、物業管理費等，是否仍在房屋內生產、生活、經營、裝修等。

　　銀行在辦理房屋抵押登記時，可以參考法院認定房屋租賃和抵押先後順序的注意事項，嚴格審核該房屋上是否先前已經設立了租賃權，以避免在實現抵押權時受到在先租賃權的影響和制約。

防範「倒簽」行為

　　針對當事人「倒簽」的行為，銀行必須提前做足風險防範工作：

　　1. 嚴格進行貸前審查，針對擬抵押房產租賃狀況進行專項調查，留存相關調查證據，如影像資料、周邊住戶的證人證詞等，以防範抵押人事後倒簽租賃合同來對抗抵押權。同時，要求抵押人在抵押合同中明確記載「房屋出租」情況，必要時可以要求抵押人出具關於抵押房屋未出租的書面承諾。

　　2. 加強貸後定期或不定期檢查，及時了解抵押房產是否存在承租人，並向承租人了解租賃合同的開始時間並留存證據。銀行也可以要求抵押人及時告知抵押房產用於出租的事實。

　　3. 注意合同管理。除了要求抵押人在簽訂抵押合同時明確說明抵押房屋的出租狀況，也可以在抵押合同中要求抵押人將房屋用於出租時，必須經過銀行同意。這些白紙黑字的證據，均可用於說明當事人存在「倒簽租賃合同」的行為。

【22】銀行理財產品質押分析

由於銀行理財產品的利率高於銀行定期存款的利率，因此購買銀行理財產品已經成為中國大陸個人或企業的一個重要投資管道。實務中，有銀行為滿足理財產品所有人周轉資金的需求，嘗試性開辦銀行理財產品質押融資業務，即借款人以持有的銀行理財產品為擔保品，擔保其向銀行借款的行為。

銀行理財產品質押從法律性質來看，屬於權利質押，而《中華人民共和國物權法》第二百二十三條列舉的可以出質的權利範圍包括：1. 匯票、支票、本票；2. 債券、存款單；3. 倉單、提單；4. 可以轉讓的基金份額、股權；5. 可以轉讓的註冊商標專用權、專利權、著作權等智慧財產權中的財產權；6. 應收帳款；7. 法律、行政法規規定可以出質的其他財產權利。而且從人民銀行《應收帳款質押登記辦法》規定的應收帳款類別來看，理財產品質押並非法定質押標的。

風險所在

基於現行法律、法規尚未對銀行理財產品可否質押、如何設定質押做出規定，因此，銀行理財產品質押業務可能存在風險。

據了解，目前有部分銀行有開展銀行理財產品質押貸款業務。但由於有些理財產品協議中約定銀行理財產品不得轉讓或質押，因此此類理財產品質押應經過發行銀行同意，基於上述考量，銀行通常只接受借款人以本人在借款銀行購買的理財產品做為質押。

另外，理財產品分為保本固定收益／浮動收益型和非保本浮動收益型。由於非保本理財產品，銀行並不承諾對本金的兌付，因此相較於保本型，風險較大。所以銀行會根據風險程度，決定是否接受非保本型理財產品。

質押方式與實現方式

銀行對理財產品質押的一般做法是比照應收帳款質押，在人民銀行「動產融資統一登記平台」登記；或者比照存單質押方式，將埋財合同交付給質權銀行，但是否因此會產生對抗第三人的優先受償效力，則存在不同理解的可能。

銀行對理財產品實現質權時，需要根據質押的理財產品是否可以提前贖回，採取不同方式。比如對於不能提前贖回的理財產品，可以等待理財產品到期且理財本金和收益到達理財資金帳戶時，直接將該帳戶中的資金扣劃並用於清償貸款本息；對於能提款贖回的理財產品，則可以約定：銀行實現質權時可以隨時解除理財產品協議，並將提前贖回理財產品產生的本金和收益扣劃用於清償貸款本息。

在銀行理財產品質押的法律依據完善前，商業銀行應審慎開展銀行理財產品質押貸款業務。如果已經採取理財產品質押方式，則建議另行簽訂保證金質押合同，並約定銀行有權將理財產品所涉的本金和利息轉存入保證金帳戶，以保證金質押的方式繼續為原債務提供擔保。也就是，盡可能將不是法定的質押方式，轉化為有法律明確規定的擔保方式。

【23】貸款資金用於股本權益性投資的法律分析

根據人民銀行《貸款通則》的規定，銀行貸款資金不得用於股權投資，但國家另有規定的除外。同時，《流動資金貸款管理暫行辦法》中也提及「流動資金貸款不得用於固定資產、股權等投資」。但這並不表示，銀行貸款資金絕對不能用於發放股權投資用途，須注意的是《貸款通則》中提到的「國家另有規定的除外」。

此處「國家另有規定」，是指銀監會2015年修訂的《商業銀行併購貸款風險管理指引》，該指引中明確規定，符合條件的法人銀行（外國銀行分行參照執行）可以發放併購貸款，即對受讓現有股權、認購新增股權等併購行為發放貸款，其中也包含增資擴股，比如上市公司大股東參與上市公司定向增發，也被銀監會認可為以「認購新增股權」方式進行的收購，可以申請併購貸款。興業銀行曾操作冀中能源增資華北製藥、陝煤化增資陝國投兩筆大股東參與定向增發申請的併購貸款項目。但銀行從事併購貸款應當制定併購貸款業務流程和內控制度，並事先向銀監局報告。因此，銀行貸款資金雖不能用於企業投資設立公司所需的資本金，但可以有條件地用於併購貸款所需。

2008年版的《商業銀行併購貸款風險管理指引》僅允許法人銀行開展併購貸款業務，2015年銀監會對《商業銀行併購貸款風險管理指引》進行修訂，自2015年2月10日起，放寬外國銀行分行可以開展併購貸款業務，但應當符合以下條件：

1. 有健全的風險管理和有效的內控機制。

2. 資本充足率不低於10%。

3. 其他各項監管指標符合監管要求。

4. 有併購貸款盡職調查和風險評估的專業團隊。

併購貸款的還款來源主要是投資收益，因此實質上是一種特殊的項目貸款。銀監會考慮到不同併購項目的投資回報期不同，因此放寬了併購貸款期限，從原來規定的五年延長至七年；並將併購貸款占併購交易價款的比例從50%提高到60%；取消併購貸款擔保的強制性要求，允許銀行根據併購項目風險狀況、併購方企業的信用狀況，合理確定擔保條件。

風險防控

銀監會在放寬併購貸款業務條件的同時，也加強了風險防控體系建設：

1. 要求銀行應具有與併購貸款業務規模和複雜程序相適用的相關法律、財務、行業等知識的專業人員；並應在併購貸款業務受理、盡職調查、風險評估、合同簽訂、貸款發放、貸後管理等主要業務環節以及內部控制體系中，加強專業化的管理與控制。

2. 要求銀行應根據併購雙方經營和財務狀況、併購融資方式和金融等情況，合理測算併購貸款還款來源，審慎確定併購貸款所支援的併購項目的財務槓桿率。

3. 要求銀行加強貸前調查，了解並掌握併購交易的經濟動機、併購雙方整合的可行性，確認併購交易的真實性以及併購交易價格的合理性。加強對貸款資金的監控，防範關聯企業之間利用虛假併購交易套取銀行信貸資金的行為。

【24】銀行向非金融機構轉讓貸款債權的效力分析

銀行在清收處置不良貸款時，開始嘗試向非金融機構轉讓貸款債權。那麼這種情形的債權轉讓是否合法有效呢？

對此，根據《中華人民共和國合同法》第七十九條：「債權人可以將合同的權利全部或者部分轉讓給第三人，但有下列情形之一的除外：（一）根據合同性質不得轉讓；（二）按照當事人約定不得轉讓；（三）依照法律規定不得轉讓。」可見合同法並未限制銀行將債權轉讓給非金融機構。同時合同法第五十二條規定：「有下列情形之一的，合同無效：（一）一方以欺詐、脅迫的手段訂立合同，損害國家利益；（二）惡意串通，損害國家、集體或者第三人利益；（三）以合法形式掩蓋非法目的；（四）損害社會公共利益；（五）違反法律、行政法規的強制性規定。」因此，銀行將債權轉讓給非金融機構不屬於上述五種情形之一。

中國大陸銀行業監督管理委員會《關於商業銀行向社會投資者轉讓貸款債權法律效力有關問題的批覆》中，對商業銀行向非金融機構轉讓貸款債權也沒有禁止性規定，且認為貸款債權受讓主體無須具備從事貸款業務的資格。

銀監會的該批覆中對貸款債權的範圍並沒有限於不良貸款債權，也就是說銀行可以轉讓的債權既包括正常的貸款債權，也包括不良貸款債權。商業銀行向社會投資者轉讓貸款債權，需要注意以下幾點：

1. 對轉讓的貸款債權，應當採取拍賣等公開方式，形成公允

價格，以避免內幕交易、串通壓低價格、徇私舞弊的行為發生。

2. 銀行應當向銀監會或派出機構報告，接受監管部門的監督檢查。雖然批覆中沒有提及應採用事先報告還是事後報告方式，但從銀行業務風險角度考量，宜在開展轉讓業務前事先向監管機構溝通和報告。

3. 在債權轉讓過程中對於存在最高額抵押情形的債權，尤其要關注。因為《中華人民共和國物權法》第二百零四條規定：「最高額抵押擔保的債權確定前，部分債權轉讓的，最高額抵押權不得轉讓，但當事人另有約定的除外。」因此，對於債權未確定的主合同債權轉讓時，應先行特定化。即在轉讓前向債務人、擔保人發出債權發生期限屆滿的通知，並確保當事人已經簽收，以使最高額抵押擔保的不特定債權確定。

4. 根據《中華人民共和國合同法》第八十條的規定，債權人轉讓權利時，應當通知債務人。未經通知，該轉讓對債務人不發生效力。因此，銀行轉讓債權時，必須通知債務人，該轉讓才發生法律效力。

5. 如果銀行要開展債權轉讓業務，應當首先建立關於債權轉讓的相關內部控制制度和規範性操作流程，以確保貸款轉讓流程合法合規，有依據可循。

此外，再提醒一下，最高人民法院《關於審理涉及金融不良債權轉讓案件工作座談會紀要》（法發〔2009〕19號）中，對金融資產管理公司轉讓不良債權明確規定了11種無效情形。但是最高人民法院對銀行將不良債權轉讓給非金融機構的合同效力，未做出明確規定。銀監會以個案批覆的形式，表達了對此轉讓行為

的認可。實務中，銀行考慮到向非金融機構轉讓債權的諸多限制性條件，比如公開程序、公允價格、向銀監報告等，因此大多數的銀行通常還是會把不良債權轉讓給金融資產管理公司。

【25】首封法院和債權的執行法院，
誰有權處分銀行已設定抵押的擔保品？

　　實務中，有的銀行會遇到已經設定抵押權的抵押品，被其他債權人申請司法查封。由於在執行程序中，現行的法律和司法解釋規定由首先查封法院處分查封財產，客觀上有可能出現首先查封法院遲延處分財產，甚至某些一般債權人惡意拖延訴訟進度，遲遲不取得生效判決，刻意使查封財產無法進入拍賣程序，並以此做為談判籌碼，迫使優先債權人做出法律之外的讓步，這種不作為方式實際上損害了像銀行這樣的優先債權人的利益。

　　為解決法院首封處分權與債權人行使優先受償債權衝突，造成優先債權制度的目的落空，最高人民法院於2016年4月12日做出了《關於首先查封法院與優先債權執行法院處分查封財產有關問題的批覆》。

　　該批覆明確規定，執行過程中，應當由首先查封法院（包括保全程序中和執行程序中的兩種查封情形）負責處分查封財產。但對查封財產有順位在先的擔保物權、優先權的債權，當同時符合以下四個條件時，優先債權執行法院可以要求將該查封財產移送執行：

　　1. 優先債權已經被法律文書確認，且該法律文書已經生效。

　　2. 該優先債權已經進入法院執行程序。

　　3. 首先查封法院自首先查封之日起已超過60日。

　　4. 首先查封法院尚未就該查封財產發布拍賣公告或者進入變賣程序。

這樣的規定保障實體法上優先債權的實現，同時兼顧執行程序法上首先查封制度的價值。

司法解釋中提及的「優先債權」主要包括：

1. 抵押權擔保的債權。

2. 《中華人民共和國合同法》第二百八十六條規定的建設工程價款優先權。

3. 其他擔保物權擔保的債權，如質押權和留置權擔保債權。

4. 其他優先權擔保的債權，比如船舶優先權擔保的債權。

該司法解釋於2016年4月14日起實施。今後，若銀行對抵押物的處置已進入執行程序，且查封法院在法定期限內未拍賣，則可根據該司法解釋的規定，要求將查封的抵押物移送執行。但是，若銀行債權尚未進入執行程序，則銀行應及時向首封法院（即法定「有優先處置權的法院」）提交參與分配申請書。當然，首封法院發現查封的財產設立抵押權時，有義務通知抵押權人，同時應按照法律規定的清償順序分配，預留抵押權人的相應份額，保障抵押權人的優先受償權。

為使銀行盡快取得生效判決，進入執行程序，實務中，越來越多的銀行採取了賦予強制執行效力的公證債權文書來代替訴訟，同時銀行也可以利用民事訴訟法規定的擔保物權實現程序，取代訴訟方式來取得執行依據，以此使得優先債權及時進入執行程序，確保優先債權法院執行擔保財產。

【26】最高額抵押物被查封對銀行發放貸款優先受償效力的影響

　　最高額抵押融資業務是銀行常見業務類型。債務人可以用自己的財產或者第三人的財產，為連續發生的債務提供最高額抵押擔保，當債務人不履行到期債務或者發生約定的實現抵押權情形時，銀行做為抵押權人，有權在登記的最高債權限額內，就該擔保財產優先受償。

　　實務中，銀行只須辦理一次最高額抵押登記，即可以為當事人約定的連續一段期限內發生的債權提供保障，因此相對於一般抵押，最高額抵押是銀行願意接受的擔保方式。但是當最高額抵押物遭到法院司法查封時，對於銀行而言，在特定條件下會存在債權無法優先受償的法律風險。

　　比如，銀行與客戶簽訂《最高額抵押合同》，並辦理了抵押登記手續。如果在貸款發放前，法院查封了該抵押財產，銀行在得到法院司法查封通知的情況下，卻仍按貸款合同的約定繼續發放貸款，若客戶對後續新發放的貸款逾期不歸還，銀行抵押權優先受償效力是否會因查封而受到影響呢？

　　對此，《中華人民共和國物權法》第二百零六條規定，抵押財產被查封、扣押時，抵押權人的債權確定。同時結合《最高人民法院關於人民法院民事執行中查封、扣押、凍結財產的規定》第二十七條規定：「（第1款）人民法院查封、扣押被執行人設定最高額抵押權的抵押物的，應當通知抵押權人。抵押權人受抵押擔保的債權數額自收到人民法院通知時起不再增加。（第2款）

人民法院雖然沒有通知抵押權人，但有證據證明抵押權人知道查封、扣押事實的，受抵押擔保的債權數額從其知道該事實時起不再增加。」

根據前述規定，銀行在知道最高額抵押物被查封的前提下，仍繼續發放貸款時，該新增債權部分並沒有抵押擔保效力，不再享有優先受償效力。但是，如果法院並未通知銀行抵押物查封事實，銀行對此不知情時，則可以此抗辯，主張享有抵押權。

因此，銀行應重視法律文書的簽收工作，一旦收到相關法律文書，應立即移交銀行相關部分處理，避免因資訊傳遞上的延誤，導致查封後發放的貸款喪失優先受償權。

建議銀行在承做最高額抵押業務時，注意兩點：

1. 在抵押合同中約定，抵押人有義務及時告知銀行抵押物查封的事實。如果抵押人明知抵押物被查封但不履行告知義務，銀行可以追究抵押人的違約責任，並要求其賠償因喪失抵押權優先受償所造成的財產損失。

2. 在繼續發放貸款前，應盡可能再次查詢權利瑕疵，主動了解抵押物是否存在法院查封狀況，確保每一筆貸款發放時抵押物並無權利瑕疵。

一旦銀行發現最高額抵押財產被查封，應立即與借款人和擔保人協商，解釋停止新增貸款的理由，可以要求客戶提供新的擔保，或者根據合同「加速到期條款」的約定，宣布貸款提前到期，確保銀行債權的安全性。

【27】利用「交叉違約條款」降低聯合授信風險

境內外聯合授信，是現階段中國大陸相當流行的一種境內銀行與境外銀行共同對中國大陸當地台商放款的融資模式，可能是中國大陸境內台商將可抵押的資產，同時抵押給境內和境外的銀行，並分別從境內及境外銀行取得融資額度；也可能是中國大陸境內台商提供資產擔保，境外銀行對該中國大陸境內台商的境外關聯企業放款，同時中國大陸境內銀行也對該台商在境內的關聯企業提供貸款。

在境內外銀行對同一借款人進行授信的融資模式下，最關鍵的重點在於「交叉違約條款」的表述方式，最常見的約定安排是：「如果本合同項下的債務人在其他貸款合同項下出現違約，則視為對本合同的違約，本合同的債權人有權宣布債務人在本合同項下的全部債務提前到期。」

如果是境內外銀行對境內外借款人分別授信，而不是上述對同一借款人授信的情況，則「交叉違約條款」就可以突破「合同相對性」的限制，將上述約定安排改為：「如果XX合同項下的XX債務人違約，則視為對本合同的違約，本合同的債權人有權宣布債務人在本合同項下的全部債務提前到期。」

一旦違約事件發生，將觸發銀行啟動「交叉違約條款」，銀行有權分別或同時採取對應措施，例如馬上停止剩餘融資額度的適用，或是宣布已經發放的貸款立即到期，要求借款人立即償還貸款等，還可以依據合同約定行使抵銷權、擔保物權、要求保證人承擔保證責任等銀行認為必要的各種債權確保措施，這也是為

什麼「交叉違約條款」是銀行在進行境內外聯合授信時，非常重要的保護性條款。

常見違約情形

實務中，會觸發交叉違約條款的常見違約情形包括：

1. 借款人向銀行提供虛假情況或隱瞞企業真實狀況。

2. 借款人未按約定使用信貸資金，或是未依約定按時足額償還貸款本息。

3. 借款人不接受或逃避銀行監督其使用信貸資金情況和有關生產經營、財務活動等。

4. 借款人信用狀況下降，或盈利能力、償債能力、營運能力和現金流量等財務指標惡化。

5. 借款人可能涉及重大經濟糾紛、訴訟、仲裁，或是資產被查封、扣押、凍結或被強制執行，甚至被司法機關或稅務、工商等行政機關依法立案查處或依法採取處罰措施，可能影響借款合同項下各種義務的履行。

6. 借款人的主要投資者、管理人員異常變動、失蹤，或被司法機關依法調查或限制人身自由，可能影響到其借款合同項下義務的履行。

通過交叉違約條款的約定，一方面可促使聯合授信中的各方借款人盡量遵守借款合同的義務，一旦任一方發生違約，則另一方須視同違約的成本相對較高；另一方面，對於尚未發生違約的債權銀行而言，也取得了與已經發生違約的債權銀行相同的法律

地位，可以及時向合同相對方主張違約責任，進逼並採取救濟措施，減少自身損失。

借款人與銀行的各家聯行，在融資業務上合作得越廣泛，銀行越能了解企業真實狀況，也才有更多管道獲悉借款人真實經營狀況，可以避免因信息不對稱而限制了交叉違約條款的作用。

【28】內保外貸調控趨緊對策

　　因為預期人民幣將貶值，中國大陸2016年遭遇巨大的資金外流壓力，導致外管局對「內保外貸」操作模式更趨保守，不管是中國大陸境內銀行承做的「內保外貸」業務，還是境內企業做為擔保人，為境外公司在境外融資提供擔保，外管局在心態上和以往大不相同。

　　以常見的中國大陸境內台資銀行開立SBLC或保函，擔保境外借款人在境外融資為例，過去中國大陸境內台資銀行與客戶簽約時無須經外管局審核，僅須在資本項目系統中進行銀行「內保外貸」登記即可，過去兩年，這種模式一度是台資銀行在大陸力推的業務模式，但目前因預期人民幣貶值，加上境內外利率差距縮小，實務中，已發生境外借款人寧願放棄境內擔保品而任其履約的情況；一旦真的發生「內保外貸」項下的擔保履約，外管局會針對銀行履約的業務過程進行逐筆核查，也一定會要求銀行提供境外借款人違約情況說明及違約原因，甚至進一步要求銀行提供境外的資金用途證明等。如果銀行存在疏失，在進行「內保外貸」前沒有針對境外借款企業的還款能力、資金用途等做過盡職調查，則很可能會被外管局處罰。

　　另外，當台資企業為境外融資提供保證、質押、抵押等擔保行為時，按照跨境擔保規定，台資企業必須先到所在地外管局辦理「內保外貸」登記，而一如上面所述外管局的近期態度，現階段對中國大陸境內企業辦理「內保外貸」登記，外管局都採取較之前更為嚴格的審查。

　　以上海外管局為例，甚至會要求銀行披露境外借款人的最終控制人是否為中國大陸居民或中國大陸境內企業（大陸台資企業），目的是為了了解這些境內企業境外投資合不合法，有無遵循商務部的對外投資規定及履行必要手續；至於中國大陸居民，因為實務中外管局仍未開放中國大陸居民境外投資，所以萬一境外借款人最終投資方為中國大陸居民，則很可能無法辦理「內保外貸」登記。

　　除此之外，台資企業在做「內保外貸」登記時，外管局審查的另一個重點是境外借款人的還款能力，通常外管局會要求提供境外借款人的財務報表甚至是審計報告，並要求擔保人詳細說明境外借款人的還款資金來源，及是否具有充足的還款資金；如果境外借款人財務報表呈現的營收和利潤情況，與借款金額不匹配，則無法證明借款人具有足夠的現金流覆蓋必須償還的本金和利息，則外管局也會認為此項「內保外貸」具有明顯履約傾向，不會給予登記。因此，台商常利用沒有實際經營的境外公司做為境外借款人，很難通過外管局對還款能力的審查。

　　外管局為防範「內保外貸」的境外資金違規回流境內，審核時還會特別關注境外借款人的資金用途，只不過目前對境外資金用途審查僅限於書面罷了。因此，基於外管局近期對「內保外貸」調控力度加大，台資企業或台資銀行在進行跨境融資業務時，可考慮調整融資架構，避免直接觸及「內保外貸」紅線，多多採用無須外管局審核登記的「其他形式跨境擔保」來進行跨境業務操作。

【29】中國大陸銀聯卡在台灣提款法律分析

利用中國大陸銀聯卡在台灣提款有兩種方式，一是直接提取台幣現金，其次是刷卡消費。

以前規定銀聯卡每卡每日在台灣不得領取超過 1 萬元人民幣等值的台幣現金，於是有許多台灣居民以銀聯卡在台灣ATM機上領取現金，當成中國大陸人民幣資金匯回台灣的主要途徑，但從2016年1月1日起，新規定將銀聯卡在境外領取現金的額度縮小為每年累計不得超過10萬元人民幣，大大限縮了利用銀聯卡把人民幣資金匯回台灣的便利。

至於持銀聯卡在台灣刷卡消費，由於沒有手續費，加上人民幣兌換台幣的匯率是按當天的銀聯匯率兌換，而且不受個人結購匯5萬美元總額的限制，所以受到在中國大陸工作的台灣居民或是到台灣旅遊的中國大陸居民歡迎，只是中國大陸外管局對持銀聯卡在境外消費，依照不同地點或不同情況下有不同限制。

分為三類：完全禁止、金額限制、完全開放

根據《國家外匯管理局關於規範銀行外幣卡管理的通知》，針對中國大陸境內銀行卡在境外使用的商戶類別，分為完全禁止、金額限制、完全放開三類，其中，「完全禁止」類是指持卡人不得在此類商戶類別下進行交易；「金額限制」類是指持卡人單筆刷卡交易金額不得超過等值5,000美元；至於「完全放開」類，則是對刷卡交易金額沒有任何限制。

例如，在境外要持銀聯卡進行電匯、匯票、資金劃轉或是賭

博交易，都屬於「完全禁止」不得交易類別的最高級別限制；但如果是在境外刷卡買保險，或是刷卡買珠寶、寶石、手錶，或是支付律師等服務費用，都屬於「金額限制」類別，也就是單筆刷卡金額不得超過5,000美元的限制；至於金額不限的「完全開放」類別，則是指在百貨公司、超市、電器店、旅館、航空公司、高爾夫球場、醫院、娛樂場所，或是小學、中學、大學等地方，持銀聯卡刷卡消費沒有限制。

問題在於，實務中真正持銀聯卡在境外購買珠寶等奢侈品時，雖列入金額限制類，但還是沒有真的設限額度，不像在境外刷卡買保險，過去雖然法規對「保險」交易也列入交易額度限制類別，但有些境外保險機構未使用對應行業類別碼（MCC），也就是將保險商戶類別碼列為其他沒有金額限制的商戶類別碼，藉此規避中國大陸外管局的規定。中國銀聯為打擊這種境外保險公司違規「套碼」行為，自2016年2月4日重申規定，凡是持銀行卡在境外刷卡買保險，每筆交易還是不得超過規定的5,000美元。同一年10月29日，銀聯更停止了以銀聯為支付管道繳納儲蓄分紅型香港保險的保費。

所以，之前透過到香港購買巨額儲蓄類保險，利用退保或將保險收益質押給銀行，變相實現資金合法轉移到境外的管道，不再行得通。

當然，外匯法規只限制單筆交易上限，並未對每日或年度總額度做出限制，而且外管局對正常旅遊消費類支出也沒有限定單筆交易額度，雖然如此，人民銀行對銀聯卡境外大額交易仍有嚴格管控，比如自然人單筆或者當日累計等值1萬美元以上跨境交

易，發生資金交易的銀行必須向中國大陸反洗錢監測分析中心報告該筆交易資料，所以如果交易筆數和交易金額過大，仍有可能面臨帳戶被凍結甚至被調查的可能。

【30】台灣定存單質押給中國大陸台資銀行法律分析

　　為節省「外保內貸」開立保函或SBLC費用，加上中國大陸外管局進一步開放「跨境擔保」外匯管制，台灣公司以台灣的定期存單，直接質押給中國大陸台資銀行，擔保在中國大陸的台資企業借款，類似此種全新的「外保內貸」模式，近期開始在台商圈流行起來。

　　其實，不論是中國大陸擔保法、物權法，或2014年29號文《跨境擔保外匯管理規定》，都未限制中國大陸銀行取得境外存單做為擔保品，但台灣公司要將台灣定存單進行質押，擔保中國大陸子公司向中國大陸台資銀行借款，還是要注意以下重點。

　　1. 由於這種融資模式屬於「外保內貸」，所以中國大陸台資銀行應向當地外管局的資本項目系統報送「外保內貸」相關業務資料。如果發生擔保履約，則根據29號文規定，中國大陸台資銀行可直接與境外擔保人辦理擔保履約收款，同時中國大陸借款人應在擔保履約後的15個工作日內，到所在地外管局辦理外債登記。

　　2. 定存單的質權人為中國大陸台資銀行，台灣聯行為定存單的存款銀行，在辦理存單質押手續時，應按照台灣法律規定辦理設質，並為確保實現存單質權，中國大陸台資銀行應事先留存提前支取存單相關單據，並預留印鑑，如果是憑密碼支付的定存單，則應事先取得支取密碼。在簽定質押合同時，應考慮適用中國大陸法律還是台灣法律。

　　根據《中華人民共和國涉外民事關係法律適用法》第四十條

「權利質權」，適用質權設立地法律，同時根據《中華人民共和國物權法》第二百二十四條，以匯票、支票、本票、債券、存款單、倉單、提單出質者，當事人應當訂立書面合同。質權自權利憑證交付質權人時設立，如果沒有權利憑證，質權自有關部門辦理出質登記時設立。也就是如果定存單在中國大陸交付，則應適用中國大陸法律；若定存單在台灣交付，則適用台灣法律。

3. 如果選擇適用中國大陸法律，則存單質押流程為中國大陸台資銀行與境外出質人簽定《權利質押合同》，出質人向中國大陸台資銀行交付定期存單憑證，之後中國大陸台資銀行委託台灣負責存款的銀行，進行驗證定存單真偽，最後存款銀行根據台灣當地規定，辦理登記止付設質手續。

4. 將來若發生實現質權情形時，中國大陸台資銀行可向存款行出示定期存單、權利質押合同及借款合同，並以「外保內貸」擔保履約名義，將定存單兌現以清償債務。

至於如果中國大陸境內借款人不配合辦理外債登記，是否會影響中國大陸台資銀行的債權？

（1）外保內貸項下，境內借款人是否辦理外債登記，對貸款銀行辦理履約款收款並無影響，根據29號文規定，貸款銀行可直接與境外擔保人辦理擔保履約收款。

（2）如果中國大陸境內借款人不予辦理外債登記，對境內貸款銀行的影響，在於當借款幣種和存單擔保幣種不同時，由於銀行不能提供企業外債登記證明，將導致無法向外管局申請對收到的履約幣種結匯或購匯。

　　對這個問題，中國大陸台資銀行可要求境外存單出質人事先出具放棄對境內借款人追索債務的承諾，基於債務豁免，境內借款人無須做外債登記，中國大陸台資銀行則可以此向外管局說明，並做為未取得中國大陸境內借款人外債登記的合理理由。

【31】中國大陸「最高額抵押擔保」須關注的重點

《中華人民共和國物權法》第二百零三條規定：「為擔保債務的履行，債務人或者第三人對一定期間內將要連續發生的債權提供擔保財產的，債務人不履行到期債務或者發生當事人約定的實現抵押權的情形，抵押權人有權在最高債權額限度內就該擔保財產優先受償。」這是中國大陸物權法對最高額抵押的明確規定。

對於最高額抵押擔保，銀行必須關注債權發生期限、最高債權限額，以及在債權發生期限內，最高額抵押物是否存在被查封、扣押的情形。

如何判斷債權發生期限

首先，須說明的是，判斷債權是否落入最高額抵押合同擔保，要看債權發生期限，並不以某份合同上約定的借款期限為準。填寫債權發生期限時，必須重視的是，從便於銀行操作的角度來看，建議以簽約做為判斷債權發生期限的標準，而不是以實際放款做為界定債權發生的標準。

舉例說明：最高額抵押合同對債權發生期限約定為「在2016年1月1日至2016年12月31日期限內債務人與債權人簽定的借款合同，抵押人願意以其有權處分的財產設定抵押」，即登記的「債權發生期限」是2016年1月1日至2016年12月31日。這意味在2016年1月1日到2016年12月31日期間銀行與債務人簽定的所有借款合同，都落入最高額抵押合同擔保。只要簽字日期在前述債權發生

期限內，不論該筆借款的債務履行期限什麼時候到期。

關於擔保範圍

其次，《中華人民共和國物權法》第一百七十三條規定：「擔保物權的擔保範圍包括主債權及其利息、違約金、損害賠償金、保管擔保財產和實現擔保物權的費用。當事人另有約定的，按照約定。」即最高額抵押合同，合同雙方可以約定抵押擔保的範圍包括本金、利息、違約金、實現抵押權費用等。

然而，實務中《房地產他項權證》的登記事項中並無抵押擔保範圍的描述。通常，一般抵押須登記「債權數額」；最高額抵押則登記「最高債權限額」。由於中國大陸物權法規定最高額抵押的抵押權人在最高債權限額內享受優先受償權，對於超過登記的「最高債權限額」之外的金額，則屬於一般債權範圍，不享有優先受償權。因此應當注意，如果將「最高債權限額」僅登記為借款合同中的本金金額的話，相應的利息、違約金、實現抵押權的費用等就無法優先受償。

鑒於前述可能存在的風險，在辦理抵押登記時應盡可能擴大「最高債權限額」的金額，例如在上海，通常會在本金以外，增加登記20%的主債權金額，抵押登記部門也能予以配合。當然也有些內陸城市的抵押登記部門並不一定了解最高額抵押的含義，按照他們的理解，通常會要求抵押合同約定的最高債權限額應該與借款合同的本金一致。如果完全按照登記部門的要求處理，對銀行債權有風險；但不按照要求處理，又無法辦妥抵押登記。對於這個難題，銀行可在借款合同中做出相關約定，比如明確約定

借款金額包括可提用額度及風險預留額度，其中可提用額度就是借款人在借款合同項下實際可借用的授信額度，風險預留額度是不能提用的額度，主要是銀行為了防止抵押登記部門不能將基於借款本金所發生的利息、違約金、損害賠償金、實現抵押權的費用等納入登記範圍的風險，而預留的風險額度。如此一來，既符合了登記部門的要求，又保障了銀行的利益。

最後，關於在債權發生期限內，最高額抵押物存在被查封、扣押的情形對銀行債權的影響，可以查看本書相關章節，在此不再贅述。

【32】台資銀行置換貸款業務的法律風險分析

　　「置換貸款」是指企業用一家銀行的新貸款去歸還之前銀行的舊貸款。實務中，不管是銀行為了爭取新放貸業務，或是企業要爭取比以往更好的貸款條件，都會以「置換貸款」形式進行新的融資安排，但對台資銀行來說，在中國大陸辦理「置換貸款」業務時，須特別注意控管以下幾個風險：

一、貸款用途風險控制

　　銀行可以透過合同、發票、貨運單據、交易對手帳戶信息等資料的書面審核，對借款人的資金用途進行合理監控，但對該筆貸款用途做為歸還他行借款的融資方式，由於貸款早已發放，借款人是否按照原借款合同約定使用資金？或是有沒有存在挪用情形？對新貸銀行而言很難查證。

　　因此，為確保「置換貸款」資金安全，台資銀行在辦理「置換貸款」業務時，不僅須審查借款人的經營和財務狀況，更須對前期的借款是否按照原貸款合同約定使用，進行實質審查。

二、合同管理風險控制

　　台資銀行在簽定「置換貸款」合同時，應注意在貸款用途中註明「用於置換他行貸款」，並在貸款撥付方式上採用受託支付方式，也就是借款人應委託銀行將新貸資金直接撥付至該借款人在前期貸款銀行的還款帳戶，以防止借款人將「置換貸款」資金挪用他途。

三、合理設置借款期限，控制不良貸款風險

　　若「置換貸款」本金與前期貸款本金相當，未擴大借款資金用途範圍，那麼原則上「置換貸款」的借款到期日，不宜超過原貸款的到期日，否則銀行發放的這筆「置換貸款」，實質上相當於原貸款的展期。因為貸款展期容易掩蓋不良貸款真實情況，造成信貸資金的虛假循環，甚至會弱化借款人按期還款的信用意識，所以「置換貸款」的借款期限應合理設置，避免短貸長用，以防範貸款資金安全風險。

　　中國大陸銀監會2009年曾頒布《關於規範銀行業金融機構搭橋貸款業務的通知》，該文對符合國家產業政策，已列入發改委制定的發展規劃，或政府相關部門已同意開展前期工作的項目，允許銀行可在一定額度內向非生產性項目發起人或股東發放搭橋貸款，由於搭橋貸款限定「非生產型項目」，且借款主體限定於「項目發起人或股東」，因此銀監發文的「搭橋貸款」是針對公共基礎建設領域，地方政府的融資平台公司是搭橋貸款的融資主體。而台資銀行通常操作的「置換貸款」並不適用該規定。

　　對於「置換貸款」的借款人來說，也應該注意前期貸款合同對「提前還貸」條款的約定，考量因「置換貸款」所發生的成本。當然，「置換貸款」和過橋貸款不同，市場上出現過橋貸款的原因，多基於銀行要求借款人在借款期限到期時，償還本息後再繼續發放新貸款，萬一借款人自有資金不足，以過橋貸款融資方式籌集資金歸還銀行的到期貸款，再將重新拿到的銀行新貸款額度償還過橋資金。

【33】開發商將土地抵押後建成的不動產預售，
對銀行債權有何影響

　　中國大陸為加強商業性房地產信貸管理，中國人民銀行和中國銀行業監督管理委員會曾發文要求，若房地產開發企業的項目資本金（所有者權益）比例達不到35%，或未取得土地使用權證書、建設用地規劃許可證、建設工程規劃許可證和施工許可證的項目，商業銀行不得發放任何形式的貸款。

　　因此，開發商並不能向銀行融資取得土地使用權，而應以自有資金獲得土地使用權證後，再以該土地使用權抵押向銀行融資開發建設。房地產開發經營中，開發商為籌措資金，將土地使用權或在建工程抵押向銀行融資，藉以獲得貸款支持開發經營的現象，十分普遍。

　　房地產開發屬於項目融資，項目融資最大特點是融資款項的還款來源主要是該項目的收益，即開發商出售開發建物而取得的銷售收入。

　　由於開發商開發該建物的部分資金來源於銀行融資，且已經將土地使用權或在建工程抵押，根據《中華人民共和國物權法》第一百九十一條第一款抵押期間的規定，若抵押人經抵押權人同意轉讓抵押財產，應當將轉讓所得的價款向抵押權人提前清償債務或者提存。轉讓的價款超過債權數額的部分歸抵押人所有，不足部分由債務人清償。該條第二款則規定，抵押人未經抵押權人同意，不得轉讓抵押財產，但若受讓人代為清償債務消滅抵押權則除外。開發商做為抵押人，其轉讓抵押財產，必須經過抵押權

人的同意。因此，開發商要將已經做了土地使用權抵押的不動產預售，必須經過抵押權人（銀行）同意。各地房地產登記部門也會要求開發商提供抵押權人的登記放行證明，方可辦理商品房預售合同登記備案或者辦理《商品房預售許可證》。

設立「預收款專用帳戶」來因應

實務中，銀行會以出具同意書的方式，證明同意開發商對某套房屋預售。而該同意書的出具，也表明了銀行同意放棄對特定預售房屋所對應土地分攤面積之抵押權利益。同時，商品房預售合同一經登記備案，買受人對所購預售房屋的所有權就受到法律保護。因此，即便銀行沒有對預售房屋和土地使用權抵押辦理註銷，但實際上並無法對抗買受人的所有權人地位，銀行對已經同意預售的房屋若以抵押權未註銷為由不配合辦理產證，是不符合法律規定且不能獲得法院支持。綜上，在開發商沒有清償債務的前提下，銀行做出該同意預售證明，確實存在一定風險，即銀行對已放行同意預售的房屋和土地使用權不再具有抵押效力。但對於未放行預售的房屋和土地使用權還是享有優先受償權，仍可以主張拍賣、變賣。

對此，為確保到期貸款的還款來源和銀行合法權益不受損害，銀行應加強對預售資金的回收管理，以簽訂《商品房預售款專用監管協議》的方式，設立預收款專用帳戶，對項目預售款項進行嚴格監管。如果開發商開發規模較大，則建議按「X幢」或「X號樓」為單位設立專用帳戶。

　　為穩妥起見，銀行可以要求開發商提供預售合同資料，並將預售款項存入指定的專用帳戶，在確保預售行為真實性後，再為該套預售商品房辦理抵押權註銷登記，以便於開發商和買受人辦理預售登記及後續的產權登記。

【34】中國大陸不動產跨境抵押履約款項匯出途徑

隨著中國大陸不動產價格持續走高，客戶也願意提供將位於中國大陸一線城市北上廣深的不動產，直接抵押給境外銀行的擔保方式。境外銀行有所顧忌的，必然是處理中國大陸不動產程序是否繁瑣？以及處置後的款項能否順利匯出中國大陸？

從中國大陸現有法律規定來看，境外抵押權人主張實現抵押權，要將處分抵押物所獲得的款項匯出，主要有四種方式：

1. 抵押人主動出售抵押物，或者在第三方監管下出售抵押物取得款項時，如果抵押人為中國大陸境內主體，可以按照國家外管局2015年發布的《跨境擔保外匯管理規定》第十四條的規定，憑「內保外貸」登記文件，到中國大陸境內銀行辦理擔保履約款項匯出。如果抵押人為台籍等境外主體，根據《跨境擔保外匯管理規定》的規定，無須在外管局辦理跨境擔保登記，抵押人可以自行向中國大陸境內銀行申請辦理擔保履約，匯款銀行審核擔保履約真實性、合規性並留存資料後，辦理相關購匯匯出手續。

2. 基於中國大陸最高人民法院和司法部2000年曾聯合發文明確規定，公證機關賦予強制執行效力的債權文書，法院可做為執行依據。也在《最高人民法院關於含擔保的公證債權文書強制執行的批覆》（〔2014〕執他字第36號）明確規定：「公證機構可以對附有擔保協議債權文書的真實性與合法性予以證明，並賦予強制執行效力。」因此，接受不動產跨境抵押的境外銀行，可以考慮對借款合同和抵押合同同時賦予強制執行效力，實務中公證機關也同意對跨境不動產擔保合同賦予強制執行效力。

　　辦理賦予強制執行效力的公證債權文書後，一旦發生銀行實現抵押權情形，債權人可以按照中國大陸民事訴訟法第二百三十八條的規定，憑公證機關出具的公證書和執行證書，向不動產所在地法院申請強制執行，款項執行到位後匯出。這種公證債權文書的優勢，在於債權人無須經過訴訟或仲裁程序取得生效裁決後，再向法院申請強制執行，而大大節約了走法律程序的時間，直接申請拍賣抵押物。

　　3. 對於抵押人既沒有主動履行擔保責任，雙方也沒有辦理強制執行效力公證債權文書的情形，還有一種快速有效實現處置抵押物的方式，即中國大陸民事訴訟法規範的實現擔保物權案件這種特別程序。由債權銀行向不動產所在地法院申請「實現擔保物權」，取得拍賣、變賣擔保財產裁定後，憑此裁定向不動產所在地法院提出強制執行，款項執行到位後匯出。

　　4. 最常見的債權確保方式是對債務人、抵押人提起民事訴訟，在取得生效法院判決後，通過中國大陸法院拍賣、變賣抵押物並匯出擔保款項。當然，由於屬於涉外民事訴訟，因此程序上相較境內程序要冗長些。

　　中國大陸法院對不動產的強制執行方式，主要是拍賣。在拍賣不動產之前，首先進行評估，法院參照評估價做為拍賣保留價，第一次拍賣時，最低以評估價的80%做為法院確定的保留價。如果出現流拍，可以進行二拍和三拍，但每次降低的數額不能超過前次保留價的20%。如果經過三次拍賣仍流拍，則以第三

次拍賣的保留價進行變賣。事實上，中國大陸一線城市居住性質的住宅和商業性質的辦公樓比較容易脫手，很少會發生三拍流拍情形。

【35】社保金與二孩新政對台商影響分析

中國大陸官方已決定全面調降社保金比率，以上海為例，上海市政府剛剛宣布把「五險一金」中企業主負擔的「養老」和「醫療」社保金各降低1％，「失業」保險金則降低0.5％，也就是未來企業承擔社保金的比率，將由原來的35％降低至32.5％，至於員工個人承擔社保金部分則沒有任何變化。

上海每年都是在4月份調整社保繳納基數，如果以目前未調整前的社保繳納上限16,353元來計算，降低2.5％後，上海地區台商每個月為每位員工最多可少繳人民幣約408元，現在起各地方政府必會依當地物價水準和地方民情，進一步調降企業負擔的社保金比率，以達到中央今年要求各地政府為企業「降成本」的目標。

調降社保金比率對企業來說可降低成本，絕對是件好事，但2016年另一項開放「生二胎」的人口政策，所牽涉的勞動人事規定變化，則會造成勞動人事成本上升，對台商短期而言並不是好消息。

自從2015年底中國大陸中央頒布《關於實施全面兩孩政策改革完善計劃生育服務管理的決定》後，各地紛紛開始修改所牽涉的勞動人事規定，並積極調整過去以鼓勵獨生子女為核心的政策方向，像是婚假、產假、陪產假等規定都大幅翻新，台商應注意自己企業的勞動人事章程，有沒有跟隨當地勞動人事新規定進行相對應的調整，提早重新安排新規定實施後的工作崗位，並計算新規定對企業勞動人事成本上升的影響。

婚假、產假、陪產假的調整

上海市官方在2015年12月29日由衛生和計劃生育委員會發布了《調整上海市有關計劃生育行政事務告知書》，首先針對過去鼓勵晚婚的政策進行調整，凡是2016年1月1日以後登記結婚的員工，不再享有晚婚假待遇，而是統一改以婚假來取代。在新規定下，上海的婚假改為10天，少於福建的15天，但比起廣東、浙江、四川、天津的3天，還是足足多出一週的時間。

至於最需要企業妥善安排工作交接的產假，除江蘇省仍未公布新政策外，其他省分都已公布計算依據及放假天數，在不考慮難產和多胞胎前提下，福建的產假天數可依各自情況，由企業自行決定在158天到180天間進行選擇，算是目前已知產假天數最高的省分，其次是四川省固定的產假158天，其他省市多是產假128天。

陪產假也是這次比較受台商注意的新政策，四川省的陪產假最長，高達20天，其次為福建、廣東、浙江的15天，和上海的10天，天津在陪產假方面最少，只有7天。

開放生二胎政策，勢必會給台商帶來新的人力資源挑戰，比較迫切的影響是那些已在公司工作一段時間、已生完第一個小孩的女性員工，一旦再生第二胎，那起碼128天的產假問題就會擺在企業面前，如果再加上產前的檢查（病假），產後上班一年內，每天可提早一小時下班的哺乳假等，都需要台商全面盤點內部女性員工情況，做好心理準備，提早面對人力資源調度和人事成本上升的影響。

【36】台資銀行票據質押業務審查重點分析

　　台資銀行中國大陸授信業務中，客戶提供一定比例的存單質押，對於敞口部分（編註：敞口指在金融活動中存在金融風險的部位以及受金融風險影響的程度），有的客戶提出可以將持有的銀行承兌匯票託管給貸款銀行，由銀行保管、到期託收，以未來現金流做為銀行授信業務風險保障。

　　但是，這種處理方式對銀行債權有一定風險。若銀行沒有對客戶提供的票據進行質押，僅為票據保管、到期委託收款關係的話，銀行對此票據款項並無優先受償權。一旦其他債權人了解到有此筆應收款，債權人可以要求查封該筆款項，並按債權比例分享該筆款項。因此，對於客戶提供的銀行承兌匯票採用質押方式，對銀行債權確保更為有利。

　　銀行承兌匯票相對而言是一種低風險的擔保方式，但並非毫無風險，若接受的匯票，其承兌銀行為低信用等級、資金實力弱的主體，則可能存在難以兌付票據的風險。除此之外，還需要審查如下內容：

　　1.台資銀行接受客戶以票據質押方式融資時，應當審查票據的真實性。對於紙本票據，可以透過銀行櫃檯實地查詢或透過合作銀行確認票據是否存在涉訴、凍結、掛失止付情況。對於電子匯票，則可以透過電票系統查詢。為防止偽報票據喪失，銀行還應透過「中國法院網」或「最高人民法院網」的法院公告查詢，及時掌握票據是否被公示催告。

2. 審核票據的有效性。根據中國大陸票據法規定，若票據金額大小寫不一致，票據無效。票據金額、日期、收款人名稱中任何一項若有修改，該票據無效。

3. 審核票據背書的連續性。持票人必須以背書連續，證明其匯票權利，否則存在拒絕承兌或付款的法律風險。具體而言，在票據第一次背書的人，應當是票據上的收款人，自第二次背書起，每一次背書的背書人必須是前一次背書的被背書人。如果票據有加附黏單時，黏單上的第一記載人，應當在票據和黏單的黏接處進行簽章。簽章應清晰且與背書記載的名稱一致。

4. 還應注意審核質押票據的限制條件。比如，若出票人在記名票據上記載「不得轉讓」字樣，就表明該票據失去了流通性，若後手以此票據進行質押，不發生法律效力。若背書人在記名票據上記載「不得轉讓」字樣，則背書人對後手的被背書人不承擔票據責任。即銀行接受此類票據做為質押物的風險，在於不能向記載「不得轉讓」的背書人主張票據權利。

為確保票據質押具有法律效力，台資銀行接受票據質押時，務必注意：第一，以匯票、支票、本票出質時，應當訂立書面合同，同時銀行應當取得相關質押票據，以證明銀行質權設立。第二，質押時必須以背書方式進行，也就是出質人為背書人，質權人為被背書人，其中出質人應當簽章保障背書的效力。第三，票據上應記載「質押」字樣，也可表述為「設質」、「擔保」之類，但票據上沒有記載「質押」含義的文句，則即便簽訂質押合同、交付票據，也不產生質押效力，如果銀行主張票據背書轉

讓，背書人則可能以不存在真實的交易關係，欠缺轉讓基礎為由進行抗辯。

　　透過票據質押，台資銀行可以開展開立保函、信用證、銀行承兌匯票等表外業務，或者流動資金貸款等表內業務。對於客戶而言，是活化資產，以較低成本實現支付方式的自由選擇。

| 第二篇 |

外匯

【37】新外債政策解析（1）──金融機構

2016年4月29日發布的《中國人民銀行關於在全國範圍內實施全口徑跨境融資宏觀審慎管理的通知》（銀發〔2016〕132號，以下簡稱132號文），明確規定金融機構可以採取備案制方式借用外債。

一、可按備案制借用外債的金融機構

根據132號文的規定，可按備案制借用外債的金融機構，包括經中國人民銀行、中國銀行業監督管理委員會、中國證券監督管理委員會和中國保險監督管理委員會批准設立的各類法人金融機構。對目前在中國大陸境內僅設立分行的金融機構，132號文中並沒有明訂之後的外債政策，須等待後續政策予以明確。

金融機構融入資金可用於補充資本金，協助實體經濟發展，並符合國家產業宏觀調控方向。經中國大陸國家外匯管理局批准後，金融機構融入外匯資金可結匯使用。

二、金融機構可借用的外債額度

1. 可借用的外債額度（跨境融資風險加權餘額上限）

跨境融資風險加權餘額上限＝資本×跨境融資槓桿率×宏觀審慎調節參數

其中，

資本＝一級資本

跨境融資槓桿率＝0.8

宏觀審慎條件參數＝1

因此金融機構可借用的外債額度＝一級資本×0.8×1

2. 跨境融資餘額的計算

跨境融資風險加權餘額

＝Σ本外幣跨境融資餘額×期限風險轉換因數×類別風險轉換因數＋Σ外幣跨境融資餘額×匯率風險折算因數

其中，

期限風險轉換因數：還款期限在一年（不含）以上的中長期跨境融資為1，還款期限在一年（含）以下的短期跨境融資為1.5。

類別風險轉換因數：表內融資的類別風險轉換因數設定為1，表外融資（或有負債）則暫定為1。

匯率風險折算因數：0.5。

須注意的是，表外融資包括：

（1）金融機構向客戶提供的內保外貸。

（2）因向客戶提供基於真實跨境交易和資產負債幣種及期限風險對沖管理服務需要的衍生產品，而形成的對外或有負債，按公允價值納入跨境融資風險加權餘額計算。

（3）金融機構因自身幣種及期限風險對沖管理需要，參與國際金融市場交易而產生的或有負債，按公允價值納入跨境融資風險加權餘額計算。

從上述計算公式可以看出，目前的外債政策鼓勵借用人民幣、中長期外債，借用外幣及短期外債會大幅減少可借用外債金額。

三、不占用外債額度的業務

1. 人民幣被動負債：企業和金融機構因境外機構投資境內債券市場產生的人民幣被動負債，或境外主體存放在金融機構的人民幣存款。

2. 貿易信貸、人民幣貿易融資：企業涉及真實跨境貿易產生的貿易信貸（包括應付和預收），以及從境外金融機構獲取的人民幣貿易融資；金融機構因辦理基於真實跨境貿易結算產生的各類人民幣貿易融資。

3. 境外同業存放、聯行及附屬機構往來：金融機構因境外同業存放、聯行及附屬機構往來產生的對外負債。

4. 自用熊貓債：企業的境外母公司在中國大陸境內發行人民幣債券，並以放款形式用於境內子公司者。

5. 轉讓與減免：企業和金融機構跨境融資轉增資本或已獲得債務減免等情況下，相應金額不計入。對外幣貿易融資須按20%納入跨境融資風險加權餘額計算，期限風險轉換因數統一按1計算。

四、借用外債後的備案登記

1. 金融機構首次辦理跨境融資業務前，應按照132號文的跨境融資槓桿率和宏觀審慎調節參數，以及本機構最近一期經審計的資本資料，計算本機構跨境融資風險加權餘額和跨境融資風險加權餘額上限，並將計算的詳細過程報送中國人民銀行、國家外匯管理局。

　　金融機構辦理跨境融資業務，應在本機構跨境融資風險加權餘額處於上限以內的情況下進行。如跨境融資風險加權餘額低於上限額，則金融機構可自行與境外機構簽定融資合同。

　　2. 金融機構可根據《人民幣銀行結算帳戶管理辦法》（中國人民銀行令〔2003〕第5號）等管理制度，開立本外幣帳戶，辦理跨境融資涉及的資金收付。

　　3. 金融機構應在跨境融資合同簽約後執行前，向中國人民銀行、國家外匯管理局報送資本金額、跨境融資合同信息，並在掃款後按規定報送本外幣跨境收入信息，支付利息和償還本金後報送本外幣跨境支出信息。經審計的資本若融資合同中涉及的境外債權人、借款期限、金額、利率等發生變化，金融機構應在系統中及時更新相關信息。

【38】新外債政策解析（2）──企業

《中國人民銀行關於在全國範圍內實施全口徑跨境融資宏觀審慎管理的通知》（銀發〔2016〕132號，以下稱132號文）在外債額度、短期中長期外債的管理等方面，與投註差外債存在較大的差異。

一、可借用外債的企業

註冊在境內的企業（不含房地產企業及地方政府融資平台）皆可按照132號文的規定借用外債，相較於投註差外債僅適用於外商投資企業來說，132號文大幅擴大了可借用外債的企業範圍。

對原適用投註差外債的外商投資企業，可在投註差外債、132號文的外債政策中，任選一種適用，但一旦選定後，無合理理由不能進行更改。

二、額度計算方式

1. 可借用的外債額度（跨境融資風險加權餘額上限）

跨境融資風險加權餘額上限＝淨資產×跨境融資槓桿率×宏觀審慎調節參數

其中，

資本＝一級資本

跨境融資槓桿率＝1

宏觀審慎條件參數＝1

因此企業可借用的外債額度＝淨資產×1×1

2. 跨境融資餘額的計算

跨境融資風險加權餘額

＝Σ本外幣跨境融資餘額×期限風險轉換因數×類別風險轉換因數＋Σ外幣跨境融資餘額×匯率風險折算因數

其中，

期限風險轉換因數：還款期限在一年（不含）以上的中長期跨境融資為 1，還款期限在一年（含）以下的短期跨境融資為1.5。

類別風險轉換因數：表內融資的類別風險轉換因數設定為 1，表外融資（或有負債）則暫定為 1。類別風險轉換因數僅適用金融企業，不適用一般企業。

匯率風險折算因數：0.5。

跨境融資餘額上限在任意時點，均不能大於跨境融資餘額。

3. 不占用額度的境外借款

（1）貿易信貸、人民幣貿易融資：企業涉及真實跨境貿易產生的貿易信貸（包括應付和預收），以及從境外金融機構獲取的人民幣貿易融資；外幣貿易融資須按20%計入外債額度。

（2）自用熊貓債：企業的境外母公司在中國大陸境內發行人民幣債券，並以放款形式用於境內子公司者。

（3）轉讓與減免：企業和金融機構跨境融資轉增資本或已獲得債務減免等情況下，相應金額不計入。

三、借用外債的備案登記

1. 企業應當在跨境融資合同簽約後但不晚於提款前三個工作

日，向中國大陸國家外匯管理局的資本項目信息系統，辦理跨境融資情況簽約備案。為企業辦理跨境融資業務的結算銀行，應向中國人民銀行人民幣跨境收付信息管理系統，報送企業的融資、帳戶、人民幣跨境收支等信息。所有跨境融資業務資料留存結算銀行備查，保留期限為該筆跨境融資業務結束之日起五年。

2. 企業辦理跨境融資簽約備案後，以及金融機構自行辦理跨境融資信息報送後，可以根據提款、還款安排，為借款主體辦理相關的資金結算，並將相關結算信息按規定報送至中國人民銀行、國家外匯管理局的相關系統，完成跨境融資信息的更新。

企業應每年及時更新跨境融資以及權益相關的信息，包括境外債權人、借款期限、金額、利率和自身淨資產等。經審計的淨資產若融資合同中涉及的境外債權人、借款期限、金額、利率等發生變化，企業應及時辦理備案變更。

【39】新外債政策解析（3）——與原外債政策比較

《中國人民銀行關於在全國範圍內實施全口徑跨境融資宏觀審慎管理的通知》（銀發〔2016〕132號，以下稱132號文），對外債政策進行了極大的調整。新外債政策與投註差外債的差異，主要在以下幾個方面：

一、擴大了可借用外債的企業範圍

境內註冊的企業（房地產企業及地方政府融資平台除外），無須再經外匯局審批，均可按照132號文的規定借用外債。

相較於投註差外債僅允許有投註差的企業借用外債而言，大量無投註差的中資企業、外資股份有限公司等，此後也可以自主從境外借入外債。

二、外債額度變化

投註差外債政策的外債額度，為外商投資企業的投資總額減去註冊資本之差，設立時投資總額與註冊資本相同的外商投資企業，則無法借用外債。

132號文則將企業的外債額度設定為淨資產的一倍。投註差外債的外債額度只有在企業發生增資或減資的情況下才會發生變化，正常經營企業的淨資產每年都會隨著企業的經營情況、是否分配利潤等而發生變化，因此新外債政策的外債額度將會每年都有所不同。

相較兩種外債政策的額度計算方式，可以發現大額虧損企業以及將利潤都分配完畢的企業，外債額度都會大幅縮減，因此新外債政策要求股東更加進行股權投入而不是債權投入，只有股東增加更多的股權投入，企業的外債額度才會不斷有所增加。

三、外債借款期限及幣種

投註差外債規定短期外幣外債按餘額扣減額度，中長期外幣外債按發生額扣減額度，人民幣外債則無論短期或中長期均按發生額扣減額度，因此投註差外債鼓勵企業借用短期外幣外債，而非中長期外幣外債及人民幣外債。

新外債政策則規定，企業借用外幣外債須加計0.5倍的匯率風險折算因數，借用短期外債須按1.5倍占用外債額度，企業如借用短期外幣外債，其借款額度會被壓縮至淨資產的1/2，只有借用中長期的人民幣外債，其實際可借用的外債金額才會與淨資產一致，因此新外債政策鼓勵企業借用中長期及人民幣外債。

從新舊外債政策對外債的借款期限及幣種規定的差異可以看出，在新外債政策下，企業已經很難利用外幣進行套利套匯。

四、新舊外債政策的過渡

新舊外債政策存在極大差異，根據132號文的規定，原使用投註差外債的外商投資企業可在投註差外債及新外債政策中任選一種使用，但一旦選定後，無合理理由不能進行更改。對因為借用中長期外債而已經將投註差外債額度用完的企業，也可以向外匯局申請適用新外債政策，獲得新的外債額度。

　　另如上海、蘇州、昆山、深圳、天津等地的人民幣跨境借款政策，過渡期為一年，一年後統一採行新外債政策。

　　對投註差外債如何逐步過渡到新政策，需外匯局另行制定政策，目前過渡期政策尚未發布。

【40】新外債政策業務模式
——境內外聯合授信融資

　　中國大陸新外債政策實施後，境內除房地產公司及地方融資平台外的所有公司（包含A股上市公司等），均可按淨資產的一倍借用外債，對台灣的銀行來說，外債業務可望增加。但相較於原外債項下借款擔保品均來源於境外的模式，新外債項下境內A股上市公司、國企、民企的擔保品多數位於中國大陸，對境外分行來說存在擔保品管理不易、對境內法律不了解等問題。利用境內外聯合授信融資，便是新外債政策下較好的解決方案。

　　境內外聯合授信融資，是指境內企業將不動產或其他可抵押資產，同時直接抵押給境內及境外銀行，在境內及境外銀行分別獲取融資額度，境內外企業按需要分別借款並使用。相較於境內融資、銀行融資性保函、跨境抵押等模式，境內外聯合授信融資具有如下優勢：

一、降低融資總成本

　　相較於境內企業將不動產或其他資產抵押給境內的銀行，由境內銀行開立S L/C給境外銀行，擔保境外公司或境內企業自身借款的模式，境內外聯合授信模式省去了境內銀行開立S L/C的成本，降低了企業融資總成本。

二、降低銀行風險

　　1. 境內銀行方面

《跨境擔保外匯管理規定》（匯發〔2014〕29號，以下稱29號文）對銀行做為擔保人開立Ｓ L/C時，要求銀行要對境內外企業進行盡職調查，對境外公司的還款能力、資金是否違規調回境內使用等有嚴格要求，一旦發生境外公司違約，境內銀行支付擔保履約款，外匯局會進行逐筆核查，如果銀行有未盡事宜，外匯局將會對銀行課以違法金額30%以下的罰款。如採取境內外聯合授信模式，境內企業若為自身債務提供擔保，則屬於其他形式的跨境擔保，無須辦理內保外貸登記；若借款人為境外公司，則由境內公司自行至外匯局進行跨境擔保登記，萬一發生境外公司違約，外匯局的調查對象也是境內企業，與境內銀行無關。

2. 境外銀行方面

如境內企業將不動產或其他可抵押資產直接抵押給境外銀行（不同時直接抵押給境內銀行），對境外分行來說，存在境內擔保品的變化情況無法及時獲知、發生違約後須赴境內處置擔保品等各種麻煩問題。但在境內外聯合授信模式下，擔保品可由境內銀行就近進行管理，且境內外銀行可以與客戶約定，如境內、境外任一借款方出現任一借款項下的違約，境內、境外債務可宣布同時到期，這樣可進一步降低境內外銀行風險。

3. 企業資金調度靈活

對境內企業來說，如果境內外均有資金需求，則通過境內外聯合授信模式，可根據境內外資金需求及融資成本，靈活分配境內外融資金額。

須注意的是，如果跨境抵押模式下構成29號文規定的「內保

外貸」，境內企業須至外匯局辦理內保外貸的登記，而且未經批准，境外融資資金不能在資本項下回流到境內使用，貿易項下的回流則須符合29號文的相關規定。

境內外聯合授信模式下，一方面境內外銀行可通過分別授信，滿足境內外企業不同的資金需求，且境內外銀行均可承做貸款業務；另一方面通過聯合授信，境內外銀行間不須開立S L/C，降低了企業融資費用。

【41】新外債政策對台資銀行業務影響分析

外債新規已經於2016年5月3日開始實施，該政策相較於之前實施的投註差外債政策，進行了極大的調整，預計會對台資銀行業務有較大影響。

一、境外分行外債業務

1. 可借用外債企業數量增加

外債新規允許中資企業（房地產企業除外）自行借用外債，且借入的外債可結匯成人民幣使用，這勢必會增加境內中資企業境外融資需求，對台灣的銀行境外分行來說，此類業務機會會增加，並可趁機服務原本不能舉借外債的中國大陸A股掛牌公司，爭取到其他業務機會。

2. 貿易項下融資業務機會增加

根據《外債登記管理辦法》（匯發〔2013〕19號），貿易項下融資不進行外債登記，這也成為境外銀行承做境內企業跨境貿易融資的障礙，但根據外債新規，企業因真實跨境貿易項下取得境外融資（包含預收、應付），均須進行外債登記（其中人民幣貿易融資不占用企業外債額度，外幣貿易融資按融資額的20%計入企業外債額度），則境外分行承做境內企業的跨境貿易融資業務（應收帳款保理、境外代付）時，如發生履約，境內企業的履約款項可通過外債途徑匯出。

二、境內分行業務

1. 外保內貸業務增加

外債新規對短期外幣外債管控嚴格，企業如借用短期外幣外債，其借款額度最高僅能為淨資產的1/2，因此境外分行的短期外幣外債業務會下降，但在企業有實際資金需求的情況下，此部分資金需求會轉移到境內分行，如企業擔保品均在境外，則境內分行的外保內貸業務會有所增加。

2. 外債額度增加

根據現行的銀行外債規定，境外同業存放、聯行等往來均占用境內銀行外債額度，外債新規下，金融機構因境外同業存放、聯行及附屬機構往來產生的對外負債，不論本幣還是外幣均不占用境內銀行的外債額度，此規定大幅增加了境內銀行的外債額度，台灣的銀行境內分行可通過此方式從境外母行、聯行引入人民幣、外幣資金。外債額度的增加，一方面境內分行可進行更多的放貸業務，另一方面也更能開展占用外債額度的90天以上遠期信用證、海外代付等業務。

但須注意的是，目前外債新規僅境內子行可申請適用，境外銀行境內分行暫時只能按照之前的審批制借用外債，分行的適用時間尚未公布。

三、利用兩岸聯合授信爭取業務

根據上述分析，無論是境外分行承做境內中資企業、上市公司外債業務，還是境內分行外保內貸業務機會的增加，都可能涉及擔保品與放款分行分別在兩岸的情況，如仍採取目前最常見

的保函擔保方式，勢必增加客戶借款成本，喪失競爭力。而採取擔保品兩岸分行共同抵押、聯合授信的業務模式，具有無須開立保函、客戶可在授信額度內隨意分配境內外提款金額、兩岸分行債權均有保證等優勢。為避免風險，境內外分行可以約定，如境內、境外在任一借款項下出現違約，境內、境外債務可宣布同時到期，進一步降低銀行授信風險。

【42】台商如何選擇新舊外債政策

根據《中國人民銀行關於在全國範圍內實施全口徑跨境融資宏觀審慎管理的通知》（銀發132號文）的規定，企業可以在新外債政策與投註差外債政策中選擇一種政策適用，一經選定，無合理理由不能更改。由於新外債政策與投註差外債在額度、短期、中長期借款、外幣等方面存在較大差異，如何選擇適合自身的外債政策對企業更有利，台商應該從以下幾點來考慮：

一、資金使用時間長短

投註差外債政策下，企業借用一年期以上的中長期外債，須按借款金額扣減外債額度，且歸還後也不能再恢復額度，基於此原因，一般企業不會借用中長期外債。

新外債政策則對借用期在一年以下（含）的外債須加計期限風險轉換因數1.5倍，借款期在一年以上的外債則僅須再加計 1倍，因此新外債政策鼓勵企業借用一年期以上的中長期外債。

從上述比較可以看出，對外債資金需求較長的企業，使用新外債政策可以避免投註差外債下額度被用盡的問題。

二、所需外債幣種

投註差外債政策下，企業借用外幣一年期（含）以下外幣外債，按餘額方式管理，外債歸還後，額度可以恢復；一年期以上的外幣外債和人民幣外債（不區分短期還是中長期），均按發生額管理，外債額度不能恢復。但新外債政策則規定，借用外幣外

債須加計匯率風險折算因數0.5，可見新外債政策不鼓勵企業借用外幣外債。

因此企業借用外幣外債若是必須在境內結匯成人民幣使用，則選擇投註差外債在額度上比較有利，但如果企業收取的貨款都是人民幣，在借用美元外債時擔心匯率風險，則利用新外債政策借用人民幣外債在額度上比較有利。

三、其他

投註差外債額度在企業沒有發生增資或減資以及借用中長期外債或人民幣外債的情況下，不會發生變動。新外債政策的外債可借用額度按淨資產計算，淨資產與企業的註冊資本大小、經營情況（盈利或虧損）、利潤分配政策等有關，一家正常經營的企業其每年的淨資產都會隨著企業的經營情況而有所不同，因此企業的可借用外債額度會每年發生變化。

根據投資總額與註冊資本的比例規定，註冊資本低於210萬美金的企業，其投資總額最大為註冊資本的七分之十，對這些企業來說，選擇新外債政策其外債額度更大。註冊資本在210萬美金以上500萬美元以下的企業，投資總額為註冊資本的兩倍，這些企業選擇投註差外債與新外債政策在外債額度上並無差異。企業註冊資本在500萬美元以上時，投註差下的外債額度則超過新外債，這些企業若選擇新外債政策，外債額度會變小。因此，在僅考慮註冊資本大小的情況下，建議註冊資本在210萬美元以下的新設企業，選擇新外債政策，其他企業則應該選擇投註差外債政策，在額度上相對更為有利。

　　須注意的是，投註差外債政策會過渡到新外債政策，只是目前相關的過渡期時間長短及過渡期政策均未公布。

【43】FT 帳戶、NRA 帳戶及 OBU 帳戶用途差異解析

中國大陸目前離岸帳戶類型，包括了OBU帳戶、NRA帳戶及上海自貿區特有的FT帳戶共三種類型，在用途上存在較大差異。

一、OBU帳戶

OBU帳戶只允許境外公司在境內的招商銀行、深圳發展銀行、浦東發展銀行、交通銀行等開立，其他銀行均不能開立OBU帳戶。

境外公司和個人均可開立OBU帳戶，須注意的是在個人帳戶部分，NRA帳戶不允許個人開立，FT帳戶則僅允許在上海自貿區內工作的個人開立。

OBU帳戶與境外帳戶資金往來無限制，與境內帳戶的往來則按跨境交易管理。OBU帳戶中的資金不能用於結匯，但可以領取現金。

二、NRA帳戶

NRA帳戶分為人民幣NRA帳戶和外幣NRA帳戶，境外公司可選擇境內任意一家銀行開立NRA帳戶。

NRA帳戶與境內、外帳戶資金往來，須遵循NRA帳戶的管理規定，其中外幣NRA帳戶資金與境外帳戶往來無限制，與境內帳戶往來按跨境交易管理。人民幣NRA帳戶與境內、外帳戶資金往來，則須符合如下規定：

（一）收入範圍

1. 跨境貨物貿易、服務貿易、收益及經常轉移等經常項目人民幣結算收入。

2. 政策明確允許或經批准的資本項目人民幣收入。

3. 跨境貿易人民幣融資款項。

4. 帳戶孳生的利息。

5. 從同名或其他境外機構境內人民幣銀行結算帳戶獲得的收入。

6. 中國人民銀行規定的其他收入。

（二）支出範圍

1. 跨境貨物貿易、服務貿易、收益及經常轉移等經常項目的境內人民幣結算支出。

2. 政策明確允許或經批准的資本項目人民幣支出。

3. 跨境貿易人民幣融資利息及融資款項的歸還。

4. 銀行費用支出。

5. 中國人民銀行規定的其他支出項目。

外幣NRA帳戶的餘額須占用境內銀行的外債額度。另外，人民幣NRA帳戶資金可用做境內質押境內融資。

三、FT帳戶

FT帳戶目前僅允許在通過分帳核算單元驗收的上海轄區內銀行、證券公司、保險公司及信託公司等金融機構開立；外國企業或符合條件的外籍個人的FT帳戶，只能在上海自貿區內的銀行開立。比較特殊的是，註冊在上海自貿區內的企業也可開立FT帳

戶。FT帳戶與境外帳戶資金往來不受限制，與境內帳戶資金往來則視同跨境交易。

四、綜合比較

從三類帳戶的開戶銀行、開戶主體及用途來看，OBU帳戶的境內開戶銀行相對較少，但其帳戶資金用途受限最小，NRA帳戶雖可在境內全部銀行開立帳戶，但資金用途有明確限制，FT帳戶則只能開在上海轄區內通過分帳核算單元驗收的金融機構內，帳戶資金用途雖有限制，但比NRA帳戶要小很多。因此企業可根據自己需要選擇開立不同的帳戶，如帳戶僅須與境內企業進行貿易項下往來，則可開立NRA帳戶，如想通過跨境擔保借款，則通過FT帳戶較為方便。

【44】利用自貿區 FT 帳戶打通境內融資管道

中國大陸台商借用外債，一般都是採取從境外母公司直接借款，或者由境外母公司提供擔保再從銀行取得借款的模式，但由於目前人民幣對美元貶值，借用美元外債不得不考慮匯率風險。另一方面，有些企業外債額度有限或不能借用外債（如房地產企業），為避免上述問題，這些企業之前均採取《跨境擔保外匯管理辦法》（匯發〔2014〕29號，以下簡稱29號文）所規定的「外保內貸」，採取境外擔保，境內企業在境內銀行取得人民幣借款的方式。但這種模式一是需要境外銀行開立融資性保函給境內銀行，增加了企業的融資成本，二是「外保內貸」的合同簽訂、擔保履約等均須按29號文的相關規定進行登記，如發生擔保幣種與履約幣種不一致須結購匯的情況，還需要外匯局核准，三是境內企業如果通過「外保內貸」取得的貸款，履約金額超過企業淨資產 + 外債的部分，還須至外匯局辦理外債登記，並會被處以罰款。如通過上海自貿區FT帳戶來達到相同目的，則可避免上述問題，取得境內銀行與企業的雙贏。

「外存內貸」模式

根據上海自貿區公布的金融創新案例，某銀行上海市分行為自貿試驗區企業提供本外幣一體化跨境融資服務，一家香港企業以FTN帳戶1億港幣保證金存款做為質押擔保，向境內某企業發放人民幣流動資金貸款，這種模式定義為「外存內貸」業務。與上

述「外保內貸」業務相較之下，「外存內貸」業務有以下幾個優勢：

1. 無須境外銀行開立融資性保函給境內貸款銀行，免去擔保費支出，而且銀行在取得全額保證金的情況下，在貸款利率方面也可以給境內企業一個更好的選擇，簡化融資流程，降低融資成本。

2. 由於其不屬於「外保內貸」，在簽訂擔保合同及辦理擔保履約時，擔保人、債務人無須到外匯局辦理登記或備案，簡化對外擔保登記手續。

3. 對境內貸款銀行來說，以全額保證金做為貸款擔保，且貸款銀行可自主辦理擔保履約的結算手續，以境內擔保人的保證金償付境外借款人的FTN帳戶欠款，風險可控，業務風險大幅降低。

須注意的是，上述方案中，僅須境外擔保公司在上海轄區內已獲得FT帳戶驗收的銀行開立FTN帳戶即可，境內企業無須註冊在上海自貿區，甚至可以不用註冊在上海。另外境外企業擔保幣種可靈活選擇，境內企業可自行選擇貸款幣種，用來平衡綜合貸款成本，但從境內銀行取得的外幣貸款不能結匯成人民幣使用。

當然，境內企業在境內銀行取得的貸款，須按照境內的三個辦法一個指引使用資金，且資金使用必須按受託支付方式進行。

【45】利用自貿區 FT 帳戶打通境外融資管道

　　過去，中國大陸境內公司不論是將資產直接抵押給境外銀行擔保在境外融資，還是先抵押給境內銀行，再由境內銀行開立Standby L/C給境外銀行擔保在境外借款，都屬於2014年29號文《跨境擔保外匯管理辦法》所規定的「內保外貸」範圍，問題是，實務中「內保外貸」模式存在許多障礙，一方面是境外銀行對接受中國大陸境內資產抵押履約後的外匯或法院程序等信心不足，同時目前仍有些地方政府不同意辦理境內不動產的跨境抵押登記手續，造成台商在中國大陸境內資產無法如願在境外進行資金活化的目的。

　　另一方面，就算是曾經非常流行，通過境內銀行開立Standby L/C的做法，也因境內銀行要收取Standby L/C的手續費而增加借款成本，不再受台商歡迎；而且目前境內銀行開立Standby L/C給境外銀行後，萬一發生擔保履約，將引發中國大陸外管局對境內銀行的核查風險，這也是境內銀行最近對Standby L/C承做趨於謹慎的原因；再加上通過「內保外貸」在境外取得的借款，必須遵守29號文規定，資本項下的資金不能回流中國大陸，也不能用於與生產經營無關的項目，在在造成近期境內銀行和台商兩方對「內保外貸」興趣缺缺的原因。

　　上海自貿區在2015年8月公布了利用自貿區內企業的境內資產，擔保境外企業透過FT帳戶進行跨境融資的實例，假設A公司為境內企業（不一定非得在上海自貿區內），準備在境外進行項目收購，需要一筆境外併購融資，但A公司在境外無法向境外銀行取得融資，又不想跑商務系統的對外投資或外管局等冗長手

續，則A公司可以直接將境內資產抵押（質押）給上海地區的甲銀行，擔保A公司在境外的100％子公司B公司向甲銀行借款。

關鍵在於，境外B公司事先會在甲銀行開立FT帳戶，甲銀行基於A公司提供的抵押品，可以直接在境內放款給B公司所開立的FT帳戶，由於FT帳戶在外匯監管上屬於境外帳戶，於是B公司可將甲銀行撥入自己FT帳戶中的資金匯往其他境外地區進行併購，從而實現A公司最初的併購目的。

這種透過FT帳戶的境外融資做法，除了借款幣種靈活外，也由於A公司與甲銀行都是在境內，只有借款人B公司在境外，所以不屬於29號文所定義的「內保外貸」範圍，也就是說，境內A公司和甲銀行在簽訂擔保合同，甚至發生擔保履約時，都不必至外管局辦理「內保外貸」登記或備案手續，除了程序簡單的優點外，A公司的貸款成本也比較低。

這種利用FT帳戶連結中國大陸境內資產與海外融資的模式，除了是因為上海自貿區鼓勵金融創新才得以操作外，其實也和自貿區前身「保稅區」的「境內關外」概念相同，雖然銀行是在上海市內，屬於中國大陸境內的銀行，但FT帳戶屬於開立在境內的「境外」帳戶，類似NRA帳戶或台灣的OBU帳戶，外匯管理上都不像境內帳戶那樣嚴格。但要注意的是，並不是上海市範圍內的每家銀行都可以辦理FT帳戶；另外，由於放款的甲銀行屬於中國大陸境內銀行，所以銀行審核放款目的時，還是須依照中國大陸銀監會對銀行放款的審核要求，也就是必須是併購融資或和主營業務相關的融資需求才能撥款。

【46】利用 FT 帳戶進行利潤分配

　　中國大陸台商帳上常見大量未分配利潤，一來是台商不想馬上繳納利潤匯出的10％所得稅稅金，其次是公司日常經營需要現金，一旦把利潤分配掉，可能會馬上影響公司現金流，造成台商必須向銀行貸款，支付銀行大量利息，反而吃掉台商利潤的窘況，再加上過去人民幣匯率走升，台商持有境內人民幣的意願很高，都導致台商不願意分配帳上利潤。

　　但自從2015年8月人民幣呈現貶值走勢後，台商在中國大陸境內保有未分配利潤的心態有了很大變化，目前許多台商都願意把未分配利潤匯往境外。關鍵在於台商在中國大陸的獲利都是以人民幣計價，但在中國大陸境內既不容易換匯為美元，能使用的人民幣理財工具也不多；反之在境外，台商除了可以自由且合法地將匯出的人民幣利潤換匯為美元，同時境外人民幣換匯為美元的匯率往往也比中國大陸境內更好，進一步助長了台商想將人民幣獲利匯往境外，改以美元持有的動機。

　　另一方面，對那些想回台F上市櫃或在中國大陸A股上市的台商來說，分配過去利潤尤為重要，因為若不在上市前進行利潤分配，將造成上市後新舊股東共享過去獲利的情況，形成老股東的損失。

　　中國大陸台商進行利潤分配一般都以不影響公司正常現金流為前提，先由境外股東提供擔保，在境外銀行取得借款後，以外債方式匯入中國大陸公司補充流動資金，中國大陸公司再利潤分配到境外給境外股東，然後境外股東再歸還境外銀行借款。但這

樣操作之下，境外股東必須先有能力在境外銀行融資，實務中許多台商在境外都只是控股公司，沒有融資能力，也就無法採用這一模式。

新的選擇是利用上海自貿區FT帳戶（自由貿易帳戶）進行利潤分配，首先，境外股東先在上海地區通過FT帳戶驗收的甲銀行開立FT帳戶，然後中國大陸公司將境內不動產或其他可抵押資產抵（質）押給甲銀行做為擔保，甲銀行貸款給中國大陸公司後，中國大陸公司匯出利潤到境外股東開立在甲銀行的FT帳戶內，境外股東再將FT帳戶中收到的資金，以外債途徑借回給中國大陸公司，中國大陸公司則拿這些資金歸還甲銀行借款。

這種模式既可解決境外股東必須先融資的尷尬，同時台商在甲銀行獲得的人民幣借款，除了比境外股東在境外融資方便外，在中國大陸境內借人民幣的利率也比在境外借人民幣更有優勢，又無須考慮匯率風險，而且如果整體資金都在同一家銀行內流轉，銀行風險低，承做意願也較高。如果台商在中國大陸的公司外債額度不足，境外股東還可利用FT帳戶資金擔保中國大陸公司在上海地區銀行取得借款，由於FT帳戶「境內關外」的特殊性，這種擔保不屬於2014年29號文《跨境擔保外匯管理規定》所定義的「外保內貸」，自然無須進行「外保內貸」申報。當然，如果中國大陸公司資金較為充裕，境外股東也可將FT帳戶資金匯往境外用於其他用途。

【47】提前購匯與遠期購匯差異分析

由於人民幣對美元匯率波動加大，很多銷貨收款與購貨付款幣種不一致，或者有較多外幣借款的企業考慮透過提前購匯或遠期購匯的方式來鎖定匯率風險。中國大陸外匯局對提前購匯與遠期購匯的管理方式，存在較大差異，分析如下。

一、提前購匯

2012年6月發布的《國家外匯管理局關於印發貨物貿易外匯管理法規有關問題的通知》（匯發〔2012〕38號）規定，企業可以根據其真實合法的進口付匯需求，提前購匯存入其經常項目外匯帳戶，金融機構為企業辦理付匯手續時，應當審核企業填寫的申報單證，證明企業貿易的真實性，對企業因合同變更等原因導致企業提前購匯後未能對外支付的進口貨款，企業可自主決定結匯或保留在其經常項目外匯帳戶中。

根據外匯局發布的《貨物貿易外匯管理制度改革問題解答（第三期）》，企業貨物貿易項下提前購匯業務，只能在同一家銀行辦理購匯、付匯手續；提前購匯資金入經常項目外匯帳戶後，不能在不同銀行間辦理同名劃轉。提前購匯資金用於符合規定的理財等業務時，應充分考慮支付貨款的時間週期，實際對外支付時不得再次購匯。

從以上規定可以看出，提前購匯只適用於企業有實質貿易行為發生時，才能進行，因此提前購匯的時間距實際支付貨款的時間一般較短，能鎖定的匯率波動風險較為有限。

二、遠期購匯

根據規定，企業以下外幣資金需求可辦理遠期購匯：

1. 經常項目：貿易及非貿易項下支出。

2. 資本項目：償還銀行自身的外匯貸款；償還經國家外匯管理局登記的境外借款；經外匯管理局登記的境外直接投資外匯收支；經外匯管理局登記的外商投資企業外匯資本金收入；經外匯管理局登記的境內機構境外上市的外匯收入；經國家外匯管理局批准的其他外匯收支。

遠期結售匯合約到期時，境內機構須按結售匯管理要求出具所有相關憑證，銀行審核境內機構提供的文件齊全且真實無誤，方可與境內機構辦理遠期合約履約手續；境內機構到期若不能及時提供全部有效憑證，遠期合約不得履行，境內機構承擔違約責任。

從上述規定可以看出，不管是提前購匯或者是遠期購匯，均要基於真實的交易需求。在購匯範圍上，遠期購匯涵蓋了支付貿易及非貿易項下支出、歸還境內銀行外匯貸款及外債等資本項下支出。相較於提前購匯，遠期購匯在合約簽定時企業並沒有實際發生購匯行為，企業也不須在合約簽定時備好相應的人民幣資金，但提前鎖定了匯率風險，因此遠期購匯更適用於付款期較長的（如購買設備等）貿易支出及資本項下支出。

須注意的是，2015年8月發布的《中國人民銀行關於加強遠期售匯宏觀審慎管理的通知》（銀發〔2015〕273號）規定，從2015年10月15日起，開展代客遠期售匯業務的金融機構（含財務

公司），應交存20%外匯風險準備金，並在每月15日前將風險準備金繳納至上海市外匯局。實務中有部分銀行將這方面的風險保證金轉嫁給企業承擔，對企業來說會增加資金成本。

【48】資本帳戶資金質押借款解析

資本帳戶資金包括企業的註冊資本金及外債資金，其帳戶資金能否質押用於借款，須看其帳戶資金性質及借款資金用途。

一、可用於質押擔保的規定

1. 2016年6月15日發布的《國家外匯管理局關於改革和規範資本項目結匯管理政策的通知》（匯發〔2016〕16號）；「結匯待支付帳戶的支出範圍包括：經營範圍內的支出，支付境內股權投資資金和人民幣保證金，……。結匯待支付帳戶內的人民幣資金不得購匯劃回資本項目外匯帳戶。由結匯待支付帳戶劃出用於擔保或支付其他保證金的人民幣資金，除發生擔保履約或違約扣款的，均須原路劃回結匯待支付帳戶。」

2. 《直接投資外匯業務操作指引》則規定企業的資本金帳戶支出範圍如下：「按規定在經營範圍內結匯使用；按規定境內原幣劃轉（劃至境內劃入保證金專用帳戶、委託貸款帳戶、資金集中管理專戶、境外放款專用帳戶、保本型銀行理財專戶、境內再投資專用帳戶）、經真實性審核後的經常項目對外支出；及經外匯局（銀行）登記或外匯局核准的資本項目支出。」

從上述規定來看，資本帳戶資金是可以做為保證金進行質押擔保的。

二、不可用於質押擔保的規定

1. 根據《外債登記管理辦法》（匯發〔2013〕19號）及其操

作指引的規定，除擔保公司外，外債不得用於抵押或質押。

2.《關於境內企業外匯質押人民幣貸款註冊有關問題的通知》（匯發〔2011〕46號）規定：「境內金融機構在向中資企業和外商投資企業（以下簡稱境內企業）發放人民幣貸款時，可以接受債務人提供的外匯質押，質押外匯來源僅限於經常項目外匯帳戶（出口收匯待核查帳戶除外）內的資金。」

從以上規定來看，外債資金及資本帳戶外幣資金不能用於質押借款。

三、資本帳戶資金質押的實務操作

綜合上述規定，資本帳戶資金質押操作須注意如下事項：

1. 除擔保公司外，資本帳戶中外幣外債不能用於質押。

2. 資本金帳戶中的外幣、意願結匯所得人民幣及外債帳戶資金，可在意願結匯後用於保證金質押。

3. 資本項目外匯帳戶中的外幣不得用於質押借款。

根據上述分析，可得出如下結論：資本項目資金可用於質押擔保，但僅限於企業用於土地競拍的保證金或產權交易保證金等，其保證金用途完成後，必須原路匯回原劃出帳戶。無論是外幣或人民幣資金，均不可用於質押借款。而上述規定的目的，除避免企業透過惡意方式規避資本帳戶資金的用途規定外，也可避免企業透過質押帳戶外幣資金獲得人民幣貸款來套取匯差。同理，資本帳戶資金用於理財產品或定存後，也不能用於質押借款。銀行在辦理資本帳戶資金業務時，須注意上述規定，避免相關風險。

【49】資本項目結匯政策解析

　　2016年6月發布的《國家外匯管理局關於改革和規範資本項目結匯管理政策的通知》（匯發〔2016〕16號，以下簡稱16號文）允許境內企業（金融機構除外）借用的外債可以採取意願結匯方式辦理結匯，資本金的意願結匯政策則在2015年《國家外匯管理局關於改革外商投資企業外匯資本金結匯管理方式的通知》（匯發〔2015〕19號，以下簡稱19號文）中已經放開。

　　根據19號文及16號文的規定，企業的外幣資本金、外幣外債均可按照意願結匯的方式100%結匯為人民幣。結匯所得人民幣須存入「結匯待支付帳戶」中，在實際支付時，仍須按照資本金、外債的資金使用規定提交相關的真實性證明資料後，銀行再辦理支付。然而，企業也可以選擇使用時結匯，在實際需要人民幣資金時再把外幣資金結匯使用。

一、結匯待支付帳戶的收入和支出範圍

　　對於19號文有關結匯待支付帳戶的收入和支出範圍，2016年的16號文進行了調整，具體如下：

　　1. 結匯待支付帳戶的收入範圍包括：由同名或開展境內股權投資企業的資本金帳戶、境內資產變現帳戶、境內再投資帳戶、外債專用帳戶、境外上市專用帳戶及符合規定的其他類型資本項目外匯帳戶結匯劃入的資金；由同名或開展境內股權投資企業的結匯待支付帳戶劃入的資金；由本帳戶合規劃出後劃回的資金；因交易撤銷退回的資金；符合規定的人民幣收入；帳戶利息收

入；以及經外匯局（銀行）登記或外匯局核准的其他收入。

2. 結匯待支付帳戶的支出範圍包括：經營範圍內的支出；支付境內股權投資資金和人民幣保證金；劃往資金集中管理專戶、同名結匯待支付帳戶；購付匯或直接對外償還外債、劃往還本付息專用帳戶；購付匯或直接匯往境外用於回購境外股份或境外上市其他支出；外國投資者減資、撤資資金購付匯或直接對外支付；為境外機構代扣代繳境內稅費；代境內國有股東將國有股減持收入劃轉社保基金；購付匯或直接對外支付經常項目支出及經外匯局（銀行）登記或外匯局核准的其他資本項目支出。

3. 結匯待支付帳戶內的人民幣資金，不得購匯劃回資本項目外匯帳戶。由結匯待支付帳戶劃出用於擔保或支付其他保證金的人民幣資金，除發生擔保履約或違約扣款，均須原路劃回結匯待支付帳戶。

二、資本項目收入及其結匯資金的支付管理

1. 境內機構使用資本項目收入辦理結匯和支付時，均應填寫《資本項目帳戶資金支付命令函》。結匯所得人民幣資金若直接劃入結匯待支付帳戶，境內機構不須向銀行提供資金用途證明資料。

境內機構申請使用資本項目收入辦理支付時，包括結匯後直接辦理對外支付而不進入結匯待支付帳戶、從結匯待支付帳戶辦理人民幣對外支付或直接從資本項目外匯帳戶辦理對外付匯，均應如實向銀行提供與資金用途相關的真實性證明資料。

　　2. 銀行應履行「了解客戶、了解業務、盡職審查」等展業原則，在為境內機構辦理資本項目收入結匯和支付時承擔真實性審核責任。辦理每一筆資金支付時，均應審核前一筆支付證明資料的真實性與合規性。銀行對於境內機構資本項目外匯收入結匯及使用的相關證明資料，應留存五年備查。

　　3. 若境內機構確有特殊原因暫時無法提供真實性證明資料，銀行可在履行盡職審查義務、確定交易具備真實交易背景的前提下，為其辦理相關支付，並應於辦理業務當日，透過外匯局相關業務系統向外匯局提交特殊事項備案。銀行應在支付完畢後20個工作日內，收齊、審核境內機構補交的相關證明資料，並透過相關業務系統向外匯局報告特殊事項備案業務的真實性證明資料補交情況。

【50】資本項目資金用途解析

2016年6月發布的《國家外匯管理局關於改革和規範資本項目結匯管理政策的通知》（匯發〔2016〕16號，以下簡稱16號文）對資本項目下資金用途進行了統一和規範。16號文所指的資本項目資金收入，包括外匯資本金、外債資金和境外上市調回資金等。上述資金均可按意願結匯方式，結匯成人民幣存入「結匯待支付帳戶」中，但仍須提交真實性文件經銀行審核後才能使用。

一、資金用途採取負面清單管理

16號文規定資本項目外匯收入及其結匯所得人民幣資金的使用，應當遵守以下規定：

1. 不得直接或間接用於企業經營範圍之外或法律法規禁止的支出。

須注意的是，《國家外匯管理局關於改革外商投資企業外匯資本金結匯管理方式的通知》（匯發〔2015〕19號）中提到，企業可將資本金用於投資，但實務中，如企業經營範圍中無「投資」項目，則不會允許企業的資本金用於投資。

2. 除另有明確規定外，不得直接或間接用於證券投資或除銀行保本型產品之外的其他投資理財。

16號文明確規定，資本項目收入可用於銀行的保本型理財產品，當然也可以用於定期存款。

3. 不得用於向非關聯企業發放貸款，經營範圍明確許可的情

形除外。

　　本次修改，允許企業透過委託貸款方式，將資本項目外匯收入借給關聯方使用，這有利於企業進行資金調度及規劃，當然企業借給關聯方的借款，仍須符合資本項目外匯收入的用途規定。對資本項目外匯收入能否歸還關聯企業借款，16號文並沒有明確規定，但銀行須注意，關聯企業間的借款真實性比較難以核實，在承做此類業務時，銀行須按展業三原則的要求進行嚴格的真實性審核。

　　4. 不得用於建設、購買非自用房地產（房地產企業除外）。

二、規範資本項目收入及其結匯資金的支付管理

　　1. 境內機構使用資本項目收入辦理結匯和支付時，均應填寫《資本項目帳戶資金支付命令函》，用於存放資本項目外匯收入意願結匯所得人民幣資金，並透過該帳戶辦理各類支付手續。境內機構在同一銀行開立的同名資本金帳戶、境內資產變現帳戶、境內再投資帳戶、外債專用帳戶、境外上市專用帳戶及符合規定的其他類型資本項目帳戶，可共用一個結匯待支付帳戶。境內機構按支付結匯原則，結匯所得人民幣資金不得透過結匯待支付帳戶進行支付。

　　2. 銀行應履行「了解客戶、了解業務、盡職審查」等展業原則，在為境內機構辦理資本項目收入結匯和支付時，承擔真實性審核責任。辦理每一筆資金支付時，均應審核前一筆支付證明資料的真實性與合規性。境內機構資本項目外匯收入結匯及使用的相關證明資料，銀行應留存五年備查。

3. 若境內機構以備用金名義使用資本項目收入，銀行可不要求其提供上述真實性證明資料。單一機構每月備用金（含意願結匯和支付結匯）支付累計金額，不得超過等值20萬美元。

對於境內機構申請一次性將全部資本項目外匯收入支付結匯，或將結匯待支付帳戶中所有人民幣資金進行支付的情況，如不能提供相關真實性證明資料，銀行不得為其辦理結匯、支付。

【51】境外投資者投資境內銀行間債券市場政策解析

　　2016年2月人民銀行發布了《進一步做好境外機構投資者投資銀行間債券市場有關事宜》（中國人民銀行2016年第 3 號公告，以下簡稱3號文），5月份中國大陸外匯局發布了《國家外匯管理局關於境外機構投資者投資銀行間債券市場有關外匯管理問題的通知》（匯發〔2016〕12號），同期上海外匯局則發布《境外機構投資者投資銀行間債券市場備案管理實施細則》（中國人民銀行上海總部公告〔2016〕第 2 號），允許符合條件的境外投資者投資境內銀行間債權市場。

一、符合條件的境外投資者

　　根據 3 號文的規定，境外投資者是指在中華人民共和國境外依法註冊成立的商業銀行、保險公司、證券公司、基金管理公司及其他資產管理機構等各類金融機構，上述金融機構依法向客戶發行投資產品，也包括養老基金、慈善基金、捐贈基金等中國人民銀行認可的其他中長期機構投資者。境外投資者投資境內銀行間債券市場，還須符合如下條件：

　　1. 依照所在國家或地區相關法律成立。

　　2. 治理結構健全且內控制度完善，經營行為符合規範，近三年未因債券投資業務的違法或違規行為受到監管機構重大處罰。

　　3. 資金來源合法合規。

　　4. 具備相應的風險識別和承擔能力，知悉並自行承擔債券投

資風險。

5. 中國人民銀行規定的其他條件。

境外機構投資者應當委託具有國際結算業務能力的銀行間市場結算代理人，進行交易和結算，中國人民銀行另有規定的除外。委託結算代理人進行交易和結算時，應當與結算代理人簽署代理協議。

二、對結算代理人的要求

1. 具有專門代理境外機構投資的業務部門，且與自營投資管理業務在人員、系統、制度、資產等方面完全分離。

2. 代理債券交易與結算業務制度健全，具有完備的代理債券交易與結算業務管理辦法、業務操作流程、風險管理制度、員工行為規範等。

3. 具備開展代理債券交易與結算業務所需的資訊技術設施、技術支援人員、資訊系統管理制度等。

4. 負責代理債券交易與結算管理的部門負責人、業務人員等相關人員，已受過銀行間債券市場自律組織或仲介機構組織的相關培訓。

5. 近3年無違法和重大違規行為。

6. 中國人民銀行規定的其他條件。

三、結算代理人的職責

1. 根據中國人民銀行的規定，對境外機構投資者進行資格審核，對符合資格規定的境外機構投資者，方可受理其代理委託。

2. 向代理的境外機構投資者充分介紹銀行間債券市場情況，並向其提示風險。

3. 配合中國人民銀行、中國銀行間市場交易商協會、全國銀行間同業拆借中心、債券登記託管結算機構，做好相關市場分析、監測工作，按規定及時向中國人民銀行上海總部報送所代理境外機構投資者的有關信息及投資業務開展情況。

4. 遵守中國人民銀行跨境人民幣業務相關規定，對代理的境外機構投資者人民幣專用存款帳戶進行即時監測，及時、準確、完整地向人民幣跨境收付信息管理系統（RCPMIS）報送有關帳戶信息以及跨境人民幣資金收支信息。

5. 中國人民銀行規定的其他職責。

四、使用外幣投資注意事項

1. 由代理人為境外機構投資者開立專用外匯帳戶。

2. 外幣資金結售匯規定：

（1）結算代理人憑登記所獲得的業務憑證和系統相關控制信息表的內容，為境外機構投資者辦理資金匯出入和結售匯。

（2）境外機構投資者累計匯出外匯和人民幣資金的比例，應與累計匯入外匯和人民幣資金的比例保持基本一致，上下波動不超過10%。首筆匯出可不按上述比例，但匯出外匯或人民幣金額不得超過累計匯入外匯或人民幣金額的110%。

【52】人民幣合格境外機構投資者境內證券投資解析

　　2016年8月30日人民銀行及中國大陸國家外匯管理局發布了《中國人民銀行國家外匯管理局關於人民幣合格境外機構投資者境內證券投資管理有關問題的通知》（銀發〔2016〕227號），對境外投資者投資境內證券進行了規範。

一、人民幣合格境外機構投資者條件

　　根據《人民幣合格境外機構投資者境內證券投資試點辦法》（中國證券監督管理委員會／中國人民銀行／國家外匯管理局第90號令），須經中國證券監督管理委員會批准，並取得國家外匯管理局批准的投資額度，運用來自境外的人民幣資金進行境內證券投資的境外法人。另還須符合如下條件：

　　1. 財務穩健，資信良好，註冊地、業務資格等符合中國證監會的規定。

　　2. 公司治理和內部控制良好，從業人員符合所在國家或地區的有關從業資格要求。

　　3. 經營行為符合規範，最近三年或者自成立起未受到所在地監管部門的重大處罰。

　　4. 中國證監會根據審慎監管原則規定的其他條件。

二、投資基礎額度

　　1. 人民幣合格投資者或其所屬集團的資產（或管理的資產）

若主要在中國境外，則計算公式為：等值 1 億美元 + 近三年平均資產規模×0.2% － 已獲取的合格境外機構投資者額度（折合人民幣計算，以下簡稱QFII額度）。

2. 人民幣合格投資者或其所屬集團的資產（或管理的資產）若主要在中國境內，則計算公式為：50億元人民幣 + 上年度資產規模×80% － 已獲取的QFII額度（折合人民幣計算）。

以上匯率折算參照申請之日上月中國大陸國家外匯管理局公布的各種貨幣對美元折算率計算。

中國人民銀行、國家外匯管理局會綜合考慮國際收支、資本市場發展及開放等因素，對上述標準進行調整。

三、超過基礎額度的申請

人民幣合格投資者超過基礎額度的投資額度申請，應透過主報告人向國家外匯管理局提交以下資料：

1. 主報告人及人民幣合格投資者書面申請，詳細說明增加額度的理由以及現有投資額度使用情況。

2. 人民幣合格投資者有關託管人備案信息。

3. 經審計的人民幣合格投資者近三年或上年度資產負債表（或管理的證券資產規模的審計報告等）。

4. 國家外匯管理局要求的其他資料。

四、其他事項

1. 人民幣合格投資者應根據《境外機構人民幣銀行結算帳戶管理辦法》（銀發〔2010〕249號）、《中國人民銀行關於境

外機構人民幣銀行結算帳戶開立和使用有關問題的通知》（銀發〔2012〕183號）等規定，開立一個境外機構人民幣基本存款帳戶。

2. 未經批准，人民幣合格投資者專用存款帳戶與其境內其他帳戶之間不得劃轉資金；自有資金、客戶資金和每支開放式基金帳戶之間，不得劃轉資金。

3. 未經批准，人民幣合格投資者專用存款帳戶內的資金，不得用於境內證券投資以外的其他目的。人民幣合格投資者專用存款帳戶不得支取現金。

4. 人民幣合格投資者如須匯出已實現的累計收益，託管人可憑人民幣合格投資者書面申請或指令、中國註冊會計師出具的投資收益專項審計報告、完稅或稅務備案證明（若有）等，為其辦理相關資金匯出手續。

【53】境內居民透過特殊目的公司境外投融資及返程投資外匯規定解析

對於境內居民投資境外擬上市或已上市公司股權，或者透過返程投資境內公司在資金匯出環節上，《國家外匯管理局關於境內居民通過特殊目的公司境外投融資及返程投資外匯管理有關問題的通知》（匯發〔2014〕37號）進行了規範。

一、特殊目的公司及返程投資的定義

1. 特殊目的公司

特殊目的公司是指境內居民（含境內機構和境內居民個人）以投融資為目的，利用其合法持有的境內企業資產、權益，或者合法持有的境外資產或權益，在境外直接設立或間接控制的境外企業。

2. 返程投資

返程投資是指境內居民直接或間接通過特殊目的公司，對境內開展的直接投資活動，即通過新設、併購等方式在境內設立外商投資企業或項目（以下簡稱外商投資企業），並取得所有權、控制權、經營管理權等權益的行為。

二、審批程序及所需資料

境內居民以境內外合法資產或權益向特殊目的公司出資前，應向外匯局申請辦理境外投資外匯登記手續。境內居民以境內合法資產或權益出資時，應向註冊地外匯局或者境內企業資產、權

益所在地外匯局，申請辦理登記；境內居民以境外合法資產或權益出資時，應向註冊地外匯局或者戶籍所在地外匯局申請辦理登記。

　　境內居民個人應提交以下真實性證明資料，以便辦理境外投資外匯登記手續：

　　1. 書面申請與《境內居民個人境外投資外匯登記表》。

　　2. 個人身分證明文件。

　　3. 特殊目的公司登記註冊文件，及股東或實際控制人證明文件（如股東名冊、認繳人名冊等）。

　　4. 境內外企業權力機構同意境外投融資的決議書（若尚未設立該等機構，則提供權益所有人同意境外投融資的書面說明）。

　　5. 境內居民個人擬境外投融資的境內企業資產或權益（不論直接或間接持有），或合法持有境外資產或權益的證明文件。

　　6. 在前述資料不能充分說明交易的真實性或申請資料之間的一致性時，要求提供的補充資料。

三、非上市目的公司的股權激勵登記

　　非上市特殊目的公司若以本企業股權或期權等為標的，對其直接或間接控制的境內企業的董事、監事、高級管理人員及其他與公司具有雇傭或勞動關係的員工，進行權益激勵時，相關境內居民個人在行權前可提交以下資料，至外匯局申請辦理特殊目的公司外匯登記手續：

　　1. 書面申請與《境內居民個人境外投資外匯登記表》。

　　2. 已登記的特殊目的公司境外投資外匯業務登記憑證。

3. 相關境內企業出具的個人與其雇傭或勞動關係證明資料。

4. 由特殊目的公司或其實際控制人出具，能夠證明所涉權益激勵真實性的證明資料。

5. 在前述資料不能充分說明交易的真實性或申請資料之間的一致性時，要求提供的補充資料。

境內居民個人參與境外上市公司股權激勵計畫，須按相關外匯管理規定辦理。

四、處罰

1. 境內居民或其直接、間接控制的境內企業，若透過虛假或構造交易匯出資金用於特殊目的公司，外匯局可根據《中華人民共和國外匯管理條例》第三十九條進行處罰。

2. 境內居民未按規定辦理相關外匯登記、未如實披露返程投資企業實際控制人信息、存在虛假承諾等行為時，外匯局可根據上述外匯管理條例第四十八條第五項進行處罰。

3. 在境內居民未按規定辦理相關外匯登記、未如實披露返程投資企業實際控制人信息或虛假承諾的情況下，若發生資金流出，外匯局可根據上述外匯管理條例第三十九條進行處罰；若發生資金流入或結匯，則根據上述外匯管理條例第四十一條進行處罰。

4. 境內居民與特殊目的公司相關跨境收支若未按規定辦理國際收支統計申報，外匯局可根據上述外匯管理條例第四十八條第一項進行處罰。

【54】何為展業三原則

根據《外匯管理條例》（國務院令第532號）的規定，銀行在辦理經常項目資金收付時，若未對交易單證的真實性及其與外匯收支的一致性進行合理審查，或違反規定辦理資本項目資金收付，則由外匯管理機關責令限期改正、沒收違法所得，並處20萬元以上100萬元以下的罰款；情節嚴重或者逾期不改正，由外匯管理機關責令停止經營相關業務。

目前外匯局公布的外匯法規中，對銀行在承接諸如貿易、非貿易項下的收付匯及資本項下資金收付業務，均會提到須遵循「了解業務、了解客戶、盡職審查」的「展業三原則」，對客戶的業務進行真實性審核。關於「展業三原則」，《銀行辦理結售匯業務管理辦法實施細則》（匯發〔2014〕53號）第四條銀行辦理結售匯業務，說明其細節如下：

1. 客戶調查：對客戶提供的身分證明、業務狀況等資料的合法性、真實性和有效性，進行認真核實，並將核實過程和結果以書面形式予以記載。

實務中，客戶身分證明的取得及合法性、真實性的核實相對較為容易。業務狀況可通過會計報表、購銷合同等資料進行證明。

2. 業務受理：對業務的真實性與合規性進行審核時，不必僅限於執行國家外匯管理局的現有法規，務求充分了解業務的交易目的和交易性質。

3. 持續監控：及時監測客戶的業務變化情況，對客戶進行動

態管理。

4. 問題業務：於業務受理或後續監測中發現異常跡象時，應及時報告國家外匯管理局及其分支局。

審核貿易項下的結售匯業務時，須按照《貨物貿易外匯管理法規有關問題的通知》（匯發〔2012〕38號），對企業的分類及業務形態取得不同的資料並進行審核，以證明業務的真實性。比如A類企業的出口收匯，僅須憑發票、合同、出口報關單三者取其一審核即可，但對B類企業的出口收匯，則須全數取得上述三項資料，缺一不可，對超額度的收匯，B類企業還須提交外匯局出具的登記表。

另外，根據《國家外匯管理局關於進一步促進貿易投資便利化完善真實性審核的通知》（匯發〔2016〕7號），銀行對於轉口貿易應逐筆審核合同、發票、真實有效的運輸單據、提單倉單等貨權憑證，確保交易的真實性、合規性和合理性。由於轉口貿易貨物無進出口報關單，銀行在進行真實性審核時更須謹慎，須結合不同情況進行分析，如前幾年，在人民幣升值的趨勢下，先收匯後付匯的業務真實性須加強審核，但在人民幣貶值趨勢下，先付匯後收匯的業務則更有可能存在問題。

對客戶的非貿易購付匯，銀行須按照《國家外匯管理局關於印發服務貿易外匯管理法規的通知》（匯發〔2013〕30號）的相關規定，按非貿易項下類別分別審核各種憑證，證明業務的真實性。非貿易購付匯真實性除可通過合同等進行證明外，銀行還可透過所支付的費用與客戶業務的相關性、金額占收入比重等幾個方面，來進行核實。比如，根據30號文的規定，單筆支付 5 萬美金以下的款

項，原則上銀行無須審核憑證，但如果有客戶頻繁地多筆支付 5 萬美金以下的非貿易款項，銀行就須關注相關業務的真實性，要求客戶提供相關的真實性證明文件。

　　資本項下資金的使用，《國家外匯管理局關於改革和規範資本項目結匯管理政策的通知》（匯發〔2016〕16號）採取負面清單管理方式，放鬆了資本項下資金的用途限制，但對真實性證明資料取得較為困難的業務，銀行仍須注意相關風險。

【55】銀行貿易真實性審核要點

根據《中華人民共和國外匯管理條例》（中華人民共和國國務院令第532號）及《銀行辦理結售匯業務管理辦法實施細則》（匯發〔2014〕53號）的規定，銀行在為企業辦理結售匯業務時，應當遵循「了解業務、了解客戶、盡職審查」的原則，對企業提交的交易單證真實性及其與外匯收支的一致性，進行合理審查。日常業務中，貿易項下的結售匯業務占比最大，相對風險也較大。

一、貨物進出口貿易

進行貨物進出口貿易時，企業都會取得海關出具的進（出）口報關單或進（出）境貨物備案清單。根據《貨物貿易外匯管理法規有關問題的通知》（匯發〔2012〕38號），銀行對A類企業的貿易項下收付匯業務，僅須在發票、合同、進（出）口報關單中擇一審核即可，但證實發票、合同的真實性難度較大，因此在可能的情況下，銀行還可請企業提交進（出）口報關單，做為核實交易真實性的交易單證。如企業逐筆提交存在困難，則可抽查部分收付匯業務的進（出）口報關單，並須在企業提交的發票、合同、進（出）口報關單上加以簽註，避免企業重複使用。

銀行除須注重單據審核外，還須關注企業的經營規模，並與企業實際的收付匯規模進行對比。如果企業的收付匯業務與企業的經營範圍不一致，銀行須要求企業提交更多有關收付匯業務的

單證（如貨權憑證、運輸單證），對異常業務還可報告國家外匯局及其分支局。

二、轉口貿易

　　與貨物進出口貿易相較之下，轉口貿易沒有進（出）口報關單，因此很多企業利用虛構轉口貿易達到套利套匯的目的。銀行在審核轉口貿易的真實性時，除按照《國家外匯管理局關於進一步促進貿易投資便利化完善真實性審核的通知》（匯發〔2016〕7號）的規定，應逐筆審核轉口貿易的合同、發票、真實有效的運輸單據、提單倉單等貨權憑證外，還可以從企業經營範圍中是否有「轉口貿易」項目，及交易是否違背常理等方面進行判斷。另外，在人民幣升值的趨勢下，虛假轉口貿易多數集中在「先收後支」業務；在人民幣貶值趨勢下，虛假轉口貿易則多數集中在「先付後收」業務上。

三、服務貿易

　　服務貿易的收付匯，主要依照《國家外匯管理局關於印發服務貿易外匯管理法規的通知》（匯發〔2013〕30號，以下簡稱30號文）的相關規定，按非貿易項下類別分別審核各種憑證，證明業務的真實性。30號文規定，對服務貿易單筆支付超過 5 萬美元者，企業須提交稅務備案表，很多銀行認為企業已進行稅務備案，相關的單證已經稅務審核，交易的真實性比較可靠，但由於透過服務貿易支付諸如特許權使用費、勞務費、商標權等是企業避稅的重要手段，其交易的真實性仍需要銀行從服務貿易與企

業經營規模的匹配度、與企業業務的相關性等方面，進行合理判斷。

　　貿易項下的收付匯，銀行不能僅根據企業提交的單證來判斷交易的真實性，還須結合企業的經營情況等進行綜合判斷，才能避免為企業辦理虛假收付匯業務。

【56】企業資本項目資金使用銀行審核要點

2016年6月發布的《國家外匯管理局關於改革和規範資本項目結匯管理政策的通知》（匯發〔2016〕16號，以下簡稱16號文）進一步放鬆了企業資本項目資金的使用限制，並採取負面清單管理方式，但企業在使用資本項目資金時仍須提交真實性證明文件供銀行審核。

一、備用金名義支付

根據16號文的規定，企業以備用金名義結匯，可無須提交真實性證明文件，單一機構每月備用金（含意願結匯和支付結匯）支付累計金額不得超過等值20萬美元。

須注意的是，雖然企業每月可以有20萬美金的備用金使用額度，且無須提交真實性證明文件，但對企業每月均以備用金名義結匯，且其備用金結匯在企業本期已到位註冊資本中所占比例較高時，銀行有理由懷疑企業以備用金名義結匯所得資金未使用在備用金項目上，可以要求企業提交相應的真實性證明文件。

二、採購款項支付

16號文規定銀行應履行「了解客戶、了解業務、盡職審查」等展業原則，在為境內機構辦理資本項目收入結匯和支付時，承擔真實性審核責任。辦理每一筆資金支付時，銀行均應審核前一筆支付證明資料的真實性與合規性，且境內機構資本項目外匯收入結匯及使用的相關證明資料應留存五年備查。

　　一般情況下，採購款項支付企業所提交的真實性證明資料為增值稅專用發票、合同等，銀行審核後，在增值稅發票正本及合同正本上進行簽註，但實務中有企業與供應商串通，將增值稅專用發票提交銀行審核後，把增值稅專用發票的發票聯及抵扣聯歸還給供應商，供應商再將發票作廢。因此，實務中有些銀行會要求企業提交每月的增值稅抵扣明細，銀行再逐一核對企業提交審核的增值稅專用發票是否已經進行抵扣。

三、其他款項

　　1. 歸還已使用完畢的銀行借款

　　根據16號文的規定，資本項下的收入均可結匯成人民幣後，歸還企業在境內銀行取得且已使用完畢的人民幣借款。如企業須歸還的銀行借款在本銀行取得，則其交易真實性及是否使用完畢等審核均很容易，但若歸還的是在其他銀行取得的借款，則須客戶提交借款合同、銀行撥付貸款的水單、資金使用的交易憑證等，另還須關注企業貸款資金的使用是否有違反資本項目下資金用途的限制。

　　2. 用於關聯企業間借款

　　16號文允許資本項下收入（含資本金、外債）資金用於關聯企業間借款，對此類業務，銀行除要求企業須提交關聯證明文件外，其資金還須透過銀行委託貸款方式，最好借款方委託貸款的貸款帳戶也開立在本銀行，這樣銀行可監控其委託貸款的資金用途。

　　對資本項下收入能否歸還關聯企業借款，16號文並沒有明確規定，但一方面關聯企業間的借款真實性核實較為困難，另一方面其借款的用途是否違反資本項目資金用途規定也較為難以查核，因此，對此類業務，銀行還須謹慎處理。

【57】貨物貿易外匯收支電子單證審核要點解析

《國家外匯管理局關於規範貨物貿易外匯收支電子單證審核的通知》（匯發〔2016〕25號）允許自2016年11月1日起，銀行為符合條件的企業辦理貨物貿易外匯收支時，可按照現行貨物貿易外匯管理規定和《指引》要求，審核其電子單證。此處的電子單證，是指企業提供的符合現行法律法規規定，且被銀行認可並可以留存的電子形式的合同、發票、報關單、運輸單據等有效憑證和商業單據，其形式包括系統自動生成的電子單證、紙本單證電子掃描檔等。

一、符合條件的企業和銀行

（一）對銀行的要求

1.經辦銀行應為近三年執行外匯管理規定年度考核B（不含B）類及以上的銀行；經辦銀行若未直接參與考核，應以其上一級參與考核分行的考核等級為準。

2.具有完善的風險防範內控制度。

3.具備接收、儲存電子單證的技術平台或方式，且相關技術能夠保證傳輸、儲存電子單證的完整性、安全性。

4.銀行應建立相應的內控制度，根據風險程度，確定以審核電子單證方式辦理貨物貿易外匯收支業務的條件和要求，在對企業充分了解的情況下，自主審慎選擇進行電子單證審核的企業，以確保業務辦理的真實性和合規性。

（二）對企業的要求

1. 貨物貿易分類結果應為A類,且取得營業執照滿2年。

2. 在經辦銀行辦理外匯收支的合規性和信用紀錄良好。

3. 保證提交的電子單證真實、合法、完整,並具備發送、儲存電子單證的技術條件。

4. 銀行出於風險管控要求的其他條件。

二、對電子單證的審核要求

（一）對銀行的要求

1. 按照貨物貿易外匯管理規定,對企業提交電子單證的真實性及其與外匯收支的一致性,進行合理審查;企業提交的電子單證若無法證明交易真實合法,或與其申請辦理的外匯收支不一致,則銀行應要求企業提交原始交易單證及其他相關證明資料;審查完畢後,應留存審查後的單證備查;銀行若審核紙本原始交易單證,應按照現行貨物貿易外匯管理規定,進行簽註和留存。

2. 應採取必要的技術識別等方式,確保企業提交電子單證的唯一性,避免同一電子單證以及與其相應的紙本單證被重複使用。

3. 應完整儲存證明企業交易真實、合法的電子單證等相關資訊五年備查。

4. 發現企業不符合使用電子單證辦理業務條件時,應在為其辦理業務時停止審核電子單證。

5. 每年不定期抽查企業原始交易單證的真實性及相應電子單證的一致性。發現企業提交的電子單證不真實或重複使用電子單證時,應自發現之日起,為其辦理業務時停止審核電子單證,同

時報告所在地國家外匯管理局分支機構。

（二）對企業的要求

企業以提交電子單證方式辦理貨物貿易外匯收支業務時，應當遵循的要求包括但不限於：

1. 向銀行提交的電子單證合法、真實、完整、清晰，與原始交易單證一致，且不得違規重複使用電子單證。

2. 所提交的電子單證無法證明交易真實合法，或與申請辦理的外匯收支不一致，應及時按銀行要求提交原始交易單證及其他相關證明資料。

3. 留存原始交易單證並儲存相應電子單證五年備查。

三、其他規定

1. 經辦銀行不滿足電子審核要求的條件者，應自不滿足條件之日起，自行停止為新企業以審核電子單證方式辦理貨物貿易外匯收支，直至重新滿足條件。銀行違反《貨物貿易外匯收支電子單證審核指引》規定受到行政處罰者，應暫停為新企業以審核電子單證方式辦理貨物貿易外匯收支一年。

2. 企業貨物貿易分類結果降為B、C類者，自被降級之日起，停止以電子單證方式辦理貨物貿易外匯收支，直至重新滿足提交電子單證規定的條件。

【58】外匯局處罰案例分析（1）
——轉口貿易

《國家外匯管理局綜合司關於銀行外匯業務違規案例的通報》（匯綜發〔2016〕103號）公布了20個銀行在結售匯業務中的違規行為。其中，轉口貿易是處罰案例較為集中的類別。其公布的案例主要如下：

一、僅憑提單影本辦理付匯業務

2012年1月至2014年2月，某銀行管轄分行在沒有確認企業轉口貿易是否掌握貨權的情況下，憑提單影本為企業辦理大額轉口貿易付匯8筆，金額1.26億美元。上述銀行辦理的轉口貿易付匯業務，企業註冊資本與貿易規模明顯不匹配，在轉口貿易上下游企業高度集中且為關聯公司的情況下，銀行沒有履行真實性審核職責，外匯局對於該違規行為，根據《中華人民共和國外匯管理條例》第四十七條，對該銀行管轄分行處以罰款70萬元。

二、為持無效提單的公司辦理轉口貿易付匯業務

2013年4月至12月期間，某銀行管轄分行為一家公司辦理19筆、金額1,270多萬美元的轉口貿易項下付匯業務，辦理付匯業務的公司與提單上的企業無法構成轉口貿易業務關係，且該公司提供的23張提單已經被境外內提單收貨人提貨報關，而且已辦理過一般進口貿易付匯。對於該分行未認真審核相關單證的行為，外

匯局根據上述外匯管理條例第四十七條，處以該行人民幣20萬元罰款。

轉口貿易由於貨物不進入境內，在收付匯時只能提供發票、合同及貨權憑證，無進出口報關單，其交易真實性核實較為困難，基於此，《國家外匯管理局關於進一步促進貿易投資便利化完善真實性審核的通知》（匯發〔2016〕7號）規定，銀行為企業辦理離岸轉口買賣收支業務時，應逐筆審核合同、發票、真實有效的運輸單據、提單倉單等貨權憑證，以確保交易的真實性，合規性和合理性。同一筆離岸轉口買賣業務，應在同一家銀行網點採用同一幣種（外幣或人民幣）辦理收支結算。對貨物貿易外匯管理分類等級為B類的企業，則暫停辦理離岸轉手買賣外匯收支業務。

虛假轉口貿易除可從提單、倉單等審核真實性外，銀行還可以從企業的經營規模、經營範圍與轉口貿易的商品是否有關係、境外交易對手與境內企業是否存在關聯關係等方面，進行判斷。

另外，前幾年人民幣對美元升值且境內人民幣存款利率較高時，虛假的轉口貿易一般均為先收匯後付匯，這樣境內企業才能賺取到匯率差及存款利差，如人民幣對美元是貶值的情況，則虛假的轉口貿易會比較集中在先付匯後收匯業務上，因為境內企業可利用付匯與收匯的時間差賺取匯差。由於企業經營情況千差萬別，轉口貿易又比較容易進行虛假交易，銀行須按照外匯局要求的展業三原則（了解你的客戶、了解你的業務、盡職審查）開展業務，以避免出現違規風險。

【59】外匯局處罰案例分析（2）
──貿易項目收、付匯

匯綜發〔2016〕103號文公布外匯局對銀行開罰的20個案例中，貿易項目收付匯業務銀行被外匯局處罰的案例主要如下。

一、為重複使用報關單的企業辦理對外付匯

2015年5月至7月，某銀行管轄分行為一家貨物貿易外匯管理屬於B類的企業辦理對外付匯58筆，金額6,800多萬美元，其中，使用重複報關單在該分行多付匯52筆，金額2,160萬美元。此外，2015年8月，該分行合同還為合同中沒有「預付」條款的公司辦理預付貨款2筆，金額805萬美元。外匯局根據《中華人民共和國外匯管理條例》第四十七條的規定，對其處以人民幣48萬元的罰款。

根據2012年發布的《國家外匯管理局關於印發貨物貿易外匯管理法規有關問題的通知》（匯發〔2012〕38號）的規定，銀行在為A類企業辦理貿易項下的收付匯業務時，僅須審核發票、合同或進（出）口報關單中的一項交易真實性證明文件即可。但對於B類企業的收付匯業務，銀行須一併審核合同、發票及進（出）口報關單，缺一不可。上述案例中，銀行為B類企業辦理付匯業務時，對真實性交易文件審核不嚴，沒有審核出進口報關單重複使用的問題。

二、辦理經常項目付匯業務未對相關單證正本簽註並影印留存

　　2014年7月至10月，某銀行管轄分行轄內某支行為3家公司辦理付匯業務18筆，金額3,247萬美元。經查，該行辦理上述業務均未按規定對相關單證正本進行簽註並影印留存，為外匯資金違規流出留下了風險隱患。對此，外匯局根據上述外匯管理條例第四十七條的規定，對該行處以人民幣19萬元罰款。

　　從上述案例可以看出，外匯局對銀行付匯單據審核要求較高，不但要取得相關單據正本，且還要在正本上進行簽註後影印留存，這主要也是避免企業重複使用付匯單證進行付匯。須注意的是，A類企業僅須提供發票、合同或進口報關單這三種單據中的一種，即可辦理付匯，但發票或合同的真實性比較難以核實，而如果每次付匯均要求企業提交進口報關單，對業務繁忙的企業來說壓力較大，因此銀行可透過抽查的方式，要求企業提供部分付匯業務的進口報關單，並查詢真偽，藉此對企業付匯業務的交易真實性進行核實。

三、為明顯偏離市場價格的進口貿易辦理購付匯業務

　　2015年8月至9月，某銀行管轄分行為合同價格高出市場價格5至40倍的企業，辦理購付匯業務19筆共1.5億美元。在外匯局連續幾年嚴厲打擊虛假轉口貿易的情況下，該銀行仍辦理異常業務大額購付匯，客觀上配合不法企業完成了虛假交易套利。對此，外匯局根據上述外匯管理條例第四十七條的規定，對該銀行處以人民幣80萬元的罰款。

　　從此案例來看，銀行在審核相關付匯單據時，未按照展業三原則「了解你的客戶、了解你的業務、盡職審查」的要求，對客戶交易的真實性進行盡職審查，對客戶的業務情況不夠了解，從而造成客戶虛假付匯。

【60】外匯局處罰案例分析（3）
──非貿易項目收、付匯

非貿易項下的收付匯由於沒有進（出）口報關單，相較於貿易項下的收付匯業務，在真實性審核上比較困難。

一、利潤匯出真實性審核不到位

2015年1月，YH公司通過A銀行對外支付2007年利潤，金額121.7萬美元。銀行審核了企業董事會關於利潤分配的決議、稅務備案表、最近一期驗資報告、2007年度及2013年度財務審計報告等。為進一步審核業務真實性，當地外匯局要求企業提交書面報告及2014年度財務審計報告原件等。企業2014年財務審計報告顯示，截至2014年12月31日，該企業未分配利潤累計人民幣為負1,210.8萬元，應付股利為0，即2015年1月15日企業辦理利潤匯出時，實際並無利潤可供匯出。同時，企業提交銀行的董事會決議為2014年11月做出，與2014年底應付股利為0相互矛盾，企業涉嫌違規匯出資金。

此案例中，A銀行盡職審查能力有待加強，一是僅注重明確規定的單證審核與留存，過分依賴稅務備案表；二是關注利潤產生年度的財務狀況，而忽視利潤匯出時實際的財務狀況。外匯局依據《中華人民共和國外匯管理條例》（國務院令2008年第532號）第四十七條，對其進行了處罰。

根據《國家外匯管理局關於進一步促進貿易投資便利化完善真實性審核的通知》（匯發〔2016〕7號）的規定，銀行為境內

機構辦理等值 5 萬美元以上（不含）利潤匯出，應按真實交易原則，審核與本次利潤匯出相關的董事會利潤分配決議（或合夥人利潤分配決議）、稅務備案表原件及證明本次利潤情況的財務報表。每筆利潤匯出後，銀行應在相關稅務備案表原件上加章簽註該筆利潤實際匯出金額及匯出日期。上述案例中，銀行雖取得了外匯法規規定的所有資料，但由於未關注利潤匯出時前一年度企業的經營情況，造成企業在未分配利潤為負數的情況下，仍然匯出了利潤，因此須承擔相應的責任。

二、為沒有提供稅務備案表的企業辦理服務貿易購付匯業務

2015年9月，某銀行管轄分行營業部為一家企業辦理一筆股息紅利付款，金額折合為4.85億美元。根據規定，銀行辦理單筆等值 5 萬美元以上的服務貿易對外支付，應審核《服務貿易等項目對外支付稅務備案表》。但該行在辦理此筆大額股息紅利類服務貿易對外支付時，沒有認真履行真實性審核要求，未按規定審核留存《服務貿易等項目對外支付稅務備案表》，在企業未提供這種關鍵憑證的情況下，仍然辦理了購付匯業務。對此，外匯局根據上述外匯管理條例第四十七條的規定，對該行處以人民幣50萬元罰款。

根據《國家外匯管理局關於印發服務貿易外匯管理法規的通知》（匯發〔2013〕30號）的規定，服務貿易項下付匯單筆超過 5 萬美元時，須提交《服務貿易等項目對外支付稅務備案表》供

銀行審核，但上述案例中，銀行在企業未提供稅務備案表的情況下，為企業辦理了付匯業務。

　　銀行對服務貿易付匯不但要進行交易單證的審核，還必須和企業的經營情況、經營項目、經營規模等相結合，關注服務貿易的真實性及合理性，以避免相關風險。

【61】外匯局處罰案例分析（4）──資本項目

2016年公布的20個外匯局對銀行開罰的資本項目案例中，主要集中在對外付匯業務。

一、違規辦理外債提前還款

2015年7月14日，某銀行為ZM燃氣有限公司辦理了一筆簽約金額2,800萬港幣的外債還本業務，還本金額1,000萬港幣。經核查，該筆外債經批准展期至2016年5月11日，外債合同無「提前還款」條款，《外債簽約情況登記表》中無提前還款紀錄，銀行在沒有「提前還款」條款情況下辦理了1,000萬港幣提前還款。

上述銀行涉嫌違反《國家外匯管理局關於發布〈外債登記管理辦法〉的通知》（匯發〔2013〕19號）附件二《外債登記管理操作指引》中關於提前還款時的規定，按規定銀行應當審核貸款合同中關於提前還款的條款，且債權人、非銀行債務人均同意提前還款，並由非銀行債務人提出申請。

另根據匯發19號文的規定，已辦理簽約登記的外債合同主要條款，期限（展期等）、金額、債權人等若發生變化，非銀行債務人應至外匯局辦理外債簽約變更登記。在上述案例中，銀行未確認企業是否至外匯局辦理了外債簽約變更登記的情況下，為企業辦理了外債的提前還款，明顯存在瑕疵。另外，目前實務中，外匯局對借款合同中「無提前還款條款」者，一般不會核准企業提前還款。

二、為未經外匯局核准的外資股東減持辦理付匯業務

2013年7月和2014年8月，某銀行管轄分行為一家擬辦理A股上市公司的外資股東減持股份對外付匯業務兩筆，金額合計3,126萬美元。根據規定，上市公司外資股東減持股份對外付匯，應向外匯局申請並取得核准文件後，才能辦理相關購匯和匯出業務。但該行在該公司尚未取得外匯局核准文件的情況下，即為其辦理了上市公司外資股東減持股份對外付匯業務。外匯局根據《中華人民共和國外匯管理條例》第四十七條的規定，對該行處以人民幣5萬元罰款。

外資股東減持A股所得資金匯出，目前主要根據《中國人民銀行關於簡化跨境人民幣業務流程和完善有關政策的通知》（銀發〔2013〕168號）及中國人民銀行《關於A股上市公司外資股東減持股份及分紅所涉帳戶開立與外匯管理有關問題的通知》（銀辦發〔2009〕178號）的規定進行，外資股東須至外匯局辦理相關的A股減持資金匯出業務登記。

三、為管控企業辦理跨境擔保

某銀行2015年1月27日應HY實業集團的申請，收取人民幣保證金並開立了融資性保函，用於擔保DX融資租賃有限公司在該銀行香港分行的跨境貸款，貸款資金用於DX融資租賃有限公司與HY實業集團有限公司簽定的《售後回租租賃合同》項下，支付HY實業集團有限公司售後回租資產價款。2016年1月27日，該銀行為HY實業集團有限公司辦理購匯234萬美元，用於償還擔保履約款。

　　HY實業集團有限公司由於2014年未參加外商投資企業外匯經營狀況申報，外匯局早已於2014年9月18日在資本項目信息系統對其進行資本項目業務管控，其2015年依然未參加境內直接投資存量權益登記，至今該公司仍處於資本項目業務管控狀態。

　　根據匯發〔2014〕29號文的規定，金融機構開立跨境融資性保函無須外匯局審批，僅須逐筆申報即可，但對外匯局已經進行資本項目控管的公司若仍進行資本項下業務，銀行負有不可推卸的責任。

【62】外匯局處罰案例分析（5）──個人結售匯

銀行在承做個人結售匯業務時要遵守外匯局的相關規定，103號文同時公布了個人結售匯業務銀行違規的處罰案例。

一、違規辦理個人服務貿易購付匯

2015年1月，某銀行轄內支行為境內一居民辦理一筆金額為50萬美元的購匯，僅審核了《諮詢代理服務合同》。按規定，辦理個人年度總額 5 萬美元限額以上的結售匯業務，銀行應審核能證明交易背景的相應憑證，但該行僅審核了合同，未審核相應的發票和稅務憑證等。外匯局根據《中華人民共和國外匯管理條例》第四十七條的規定，對該行處以人民幣40萬元的罰款。

二、個人分拆購付匯

2015年3月19日，境內居民個人吳某透過其在A銀行某支行的借記卡劃給在某銀行管轄分行網店開戶的李某700萬元人民幣。當日，李某以出境旅遊的名義，透過12個人在該網點櫃檯分拆購匯60萬美元。3月20日又透過八個人，在該行網點櫃檯分拆購匯40萬美元，所購外匯100萬美元全部匯往吳某在香港的帳戶。根據《國家外匯管理局關於進一步完善個人結售匯業務管理的通知》有關規定，對於個人分拆結售匯特徵明顯、銀行能夠確認為分拆結售匯行為者，應不予辦理。但在該行同一個網店，兩日內卻辦理了多達20人具有顯著分拆購付匯特徵的業務。外匯局因此根據上述

外匯管理條例第四十七條的規定，沒收銀行違法所得5,400元人民幣，處以人民幣30萬元罰款。

三、未按規定審核個人大額付匯證明資料

2014年2月，A銀行在辦理境內個人和境外個人外匯帳戶境內劃轉時，未按規定進行跨境交易真實性審核，涉案業務三筆，合計金額折合78.1萬美元，上述三筆大額資金（每筆均已超過 5 萬美元金額）劃轉過程中，該行未盡職對個人經常項下或資本項下證明資料的真實性進行審查，導致交易主體僅憑身分證明資料，便將其境內大額個人外匯資金劃轉至其境外個人外匯帳戶，實現跨境匯出。

A銀行違反了《個人外匯管理辦法》（中國人民銀行令〔2006〕第 3 號）第五條「……銀行應當按照本辦法規定為個人辦理外匯收付……等業務，對個人提交的有效身分證件及相關證明資料的真實性進行審核」、第二十八條「……境內個人和境外個人外匯帳戶境內劃轉按跨境交易進行管理」的規定。外匯局依據上述外匯管理條例（國務院令2008年第532號）第四十七條「辦理經常項目資金收付，未對交易單證的真實性及其與外匯收支的一致性進行合理審查的」規定，對其進行了處罰。

個人結售匯業務一般金額不大，但與企業常見的貿易項下結售匯業務相較之下，在真實性核實上難度較大。對個人的結售匯業務，銀行還須關注其資金來源的合理性，判斷其實際資金來源與《稅務備案表》上列示的是否一致，是否存在利用分拆結售匯

來規避個人結售匯的限額管理規定等。對以個人資金質押給境內銀行，境內銀行開立保函給境外銀行擔保境外公司借款時，銀行須審核個人資金來源的合法性、能否匯出至境外等事項，避免出現個人惡意透過該種模式規避資金出境監管的風險。

【63】台資銀行中國大陸分行　做為跨境人民幣清算行分析

　　隨著人民幣跨境交易的逐步增加，境外母行或聯行可透過將中國大陸分行做為跨境人民幣清算行來進行跨境人民幣的結算交易。

一、中國大陸分行做為跨境人民幣清算行的資格要求

　　根據《跨境人民幣收付資訊管理系統管理暫行辦法》（銀發〔2010〕79號）第三條：「依法開展跨境人民幣業務的銀行應當接入系統，並按照有關規定向系統及時、準確、完整地報送人民幣跨境收付及相關業務資訊。」

　　及《境外機構人民幣銀行結算帳戶管理辦法》的通知（銀發〔2010〕249號）：「依法開展各類跨境人民幣業務的銀行應當首先按照《人民幣跨境收付資訊管理系統管理暫行辦法》（銀發〔2010〕79號文印發）接入人民幣跨境收付資訊管理系統，並應當及時、準確、完整地向人民幣跨境收付資訊管理系統報送所有人民幣資金跨境收付資訊及有關業務資訊。銀行未接入人民幣跨境收付資訊管理系統即開展跨境人民幣業務或者未按照規定報送資訊的，中國人民銀行可通報批評；情節嚴重的，可停止其繼續辦理跨境人民幣業務。」

　　因此中國大陸分行在接入「人民幣跨境收付資訊管理系統」（RCPMIS）後，即可做為境外母行在境內的人民幣清算行。

二、人民幣清算帳戶的性質

根據《跨境貿易人民幣結算試點管理辦法實施細則》（銀發〔2009〕212號）第三條：「為境外參加銀行開立人民幣同業往來帳戶，境內代理銀行應當與境外參加銀行簽訂代理結算協定，約定雙方的權利義務、帳戶開立的條件、帳戶變更撤銷的處理手續、資訊報送授權等內容。」

及《中國人民銀行關於印發〈境外機構人民幣銀行結算帳戶管理辦法〉的通知》（銀發〔2010〕249號）第二條：「境外機構在中國境內銀行業金融機構開立的人民幣銀行結算帳戶（以下簡稱銀行結算帳戶）適用本辦法。境外中央銀行（貨幣當局）在境內銀行業金融機構開立的人民幣銀行結算帳戶、境外商業銀行因提供清算或結算服務在境內銀行業金融機構開立的同業往來帳戶、合格境外機構投資者依法在境內從事證券投資開立的人民幣特殊帳戶以及境外機構投資境內銀行間債券市場的人民幣資金開立的人民幣特殊帳戶除外。」

根據上述規定，該帳戶屬於「同業往來帳戶」，根據中國大陸人民銀行發布《跨境貿易人民幣結算業務相關政策問題解答》，境內銀行與境外銀行之間人民幣同業往來資金往來利率，由雙方協商確定。

三、人民幣清算帳戶的其他規定

1. 根據《跨境貿易人民幣結算試點管理辦法實施細則》（銀發〔2009〕212號）規定，境外參加銀行的同業往來帳戶只能用於跨境貿易人民幣結算，該類帳戶暫不納入人民幣銀行結算帳戶管

理系統。但境內代理銀行應在本行管理系統中對該類帳戶做特殊標記。

2. 根據《跨境貿易人民幣結算試點管理辦法》（中國人民銀行／財政部／商務部／海關總署／國家稅務總局／中國銀行業監督管理委員會2009年第10號公告）第十條，境內代理銀行可以對境外參加銀行開立的帳戶設定鋪底資金要求，並可以為境外參加銀行提供鋪底資金兌換服務。

【64】利用熊貓債
補充台資銀行中國大陸分行人民幣資金

　　熊貓債是指境外機構在中國大陸境內發行的人民幣債券。目前發行熊貓債主要依據《國際開發機構人民幣債券發行管理暫行辦法》（中國人民銀行／財政部／國家發展和改革委員會／中國證券監督管理委員會公告〔2010〕第10號，以下簡稱10號文）的相關規定進行。

一、發行主體資格要求

　　根據10號文的規定，發行主體首先必須是進行開發性貸款和投資的多邊、雙邊以及地區國際開發性金融機構，其次還須滿足如下條件：

　　1.財務穩健，資信良好，經兩家以上（含）評級公司評級，其中至少應有一家評級公司在中國大陸境內註冊且具備人民幣債券評級能力，人民幣債券信用級別為AA級（或相當於AA級）以上。

　　2.已為中國大陸境內項目或企業提供的貸款和股本資金在10億美元以上，經中國大陸國務院批准予以豁免的除外。

二、審批程序

　　10號文規定，申請發行熊貓債的國際開發機構應向財政部等窗口單位遞交債券發行申請，由窗口單位會同中國人民銀行、國家發展和改革委員會、中國證券監督管理委員會、國家外匯管理

局等部門審核通過後，報國務院同意。

其中，發改委會與財政部對人民幣債券的發行規模及所籌資金用途進行審核；人民銀行對債券發行利率進行管理（發行利率由發行人參照同期國債收益率水準確定）；財政部及國家有關外債、外資管理部門，按照國務院部門分工對發債所籌資金發放的貸款和投資進行管理。

三、提交資料

國際開發機構申請在中國大陸境內發行人民幣債券，應提交以下資料：

1. 人民幣債券發行申請報告。

2. 募集說明書。

3. 近三年經審計的財務報表及附註（應當按照中國企業會計準則編制財務報告，並經中國大陸具有證券期貨資格的會計師事務所進行審計）。

4. 人民幣債券信用評級報告及追蹤評級安排的說明。

5. 為中國大陸境內項目或企業提供貸款和投資情況。

6. 擬提供貸款和股本資金的項目清單，及相關證明文件和法律文件。

7. 按照《中華人民共和國律師法》執業的律師出具的法律意見書。

8. 與本期債券相關的其他重要事項。

四、其他規定

1. 國際開發機構在中國大陸境內公開發行人民幣債券，應組成承銷團，承銷商應為在中國大陸境內設立且具備債券承銷資格的金融機構。

2. 所募集資金應優先用於向中國大陸境內的建設項目提供中長期固定資產貸款或提供股本資金，投資項目應符合中國大陸國家產業政策、利用外資政策和固定資產投資管理規定。

3. 發行人將發債所籌集的人民幣資金直接匯出境外使用時，應遵守中國人民銀行的有關規定。經國家外匯管理局批准，國際開發機構發行人民幣債券所籌集的資金可以購匯匯出境外使用。

4. 熊貓債券發行結束後，經相關市場監督管理部門批准，可以交易流通。

5. 發行人須在每季度末，向人民幣債券發行審核部門，分別報送運用人民幣債券資金發放及回收人民幣貸款、投資的情況。

【65】國內信用證解析（1）──概論

2016年10月8日，《國內信用證結算辦法（2016修正）》（中國人民銀行／中國銀行業監督管理委員會公告〔2016〕第10號）正式發布。原《國內信用證結算辦法》和《信用證會計核算手續》（銀發〔1997〕265號文）同時廢止。

一、國內信用證定義

國內信用證（以下簡稱信用證），是指銀行（包括政策性銀行、商業銀行、農村合作銀行、村鎮銀行和農村信用社）依照申請人的申請開立的，對相符交單予以付款的承諾。此處規定的信用證，是以人民幣計價、不可撤銷的跟單信用證。

二、國內信用證的結算範圍

國內信用證，適用於銀行為國內企事業單位之間貨物和服務貿易提供的信用證服務。服務貿易包括但不限於運輸、旅遊、諮詢、通訊、建築、保險、金融、電腦和資訊、專有權利使用和特許、廣告宣傳、影音等服務項目。

須注意的是，國內信用證的開立和轉讓，應當具有真實的貿易背景，且只限於轉帳結算，不得支取現金。

三、國內信用證的開立方式

國內信用證可以採用信開和電開方式。信開信用證，由開證行加蓋業務用章（信用證專用章或業務專用章，下同），寄送通

知行，同時應視情況需要，以雙方認可的方式證實信用證的真實有效性；電開信用證，由開證行以資料電文發送通知行。

四、國內信用證的付款期限

國內信用證按付款期限可分為即期信用證及遠期信用證，其中即期信用證在開證行收到相符單據次日起五個營業日內付款。遠期信用證，開證行應在收到相符單據次日起五個營業日內確認到期付款，並在到期日付款。遠期的表示方式包括：單據日後定期付款、見單後定期付款、固定日付款等可確定到期日的方式。信用證付款期限最長不超過一年。

五、交單期、交單有效地點及轉運、分期提供服務等

（一）交單期

交單期指信用證項下所要求的單據提交到有效地的有效期限，以當次貨物裝運日或服務提供日開始計算。未規定該期限的，默認為貨物裝運日或服務提供日後15天。任何情況下，交單不得遲於信用證有效期。

（二）交單有效地點

信用證有效地點，指信用證規定的單據提交地點，即開證行、保兌行（轉讓行、議付行）所在地。如信用證規定有效地點為保兌行（轉讓行、議付行）所在地，則開證行所在地也視為信用證有效地點。

（三）轉運、分批裝運或分次提供服務、分期裝運或分期提供服務

1. 轉運，指信用證項下貨物在規定的裝運地（港）到卸貨地（港）的運輸途中，將貨物從一運輸工具卸下再裝上另一運輸工具。

2. 分批裝運或分次提供服務，指信用證規定的貨物或服務在信用證規定的數量、內容或金額內，部分或分次交貨，或部分或分次提供。

3. 分期裝運或分期提供服務，指信用證規定的貨物或服務在信用證規定的分期時間表內裝運或提供。若任何一期未按信用證規定期限裝運或提供，信用證對該期及以後各期均告失效。

【66】國內信用證解析（2）──開立

中國大陸境內一般都採用銀行承兌匯票做為貿易項下的結算方式，較少採用國內信用證方式。但信用證交易方式可降低銀行授信風險。

一、國內信用證的開立

1. 開證行與申請人在開證前，應簽訂明確雙方權利義務的協議。開證行可要求申請人交存一定數額的保證金，並可根據申請人資信情況，要求其提供抵押、質押、保證等合法有效的擔保。

2. 開證申請人申請開立信用證時，須提交其與受益人簽訂的貿易合同。

3. 開證行應根據貿易合同及開證申請書等文件，合理、審慎設置信用證付款期限、有效期、交單期、有效地點。

二、國內信用證必須具備的基本條款

根據10號文的規定，銀行開具的國內信用證應使用中文開立，並須具備如下基本條款：

1. 表明「國內信用證」的字樣。

2. 開證申請人名稱及地址。

3. 開證行名稱及地址。

4. 受益人名稱及地址。

5. 通知行名稱。

6. 開證日期。開證日期格式應按年、月、日依次書寫。

7. 信用證編號。

8. 不可撤銷信用證。

9. 信用證有效期及有效地點。

10.是否可轉讓。可轉讓信用證須記載「可轉讓」字樣，並指定一家轉讓行。

11.是否可保兌。保兌信用證須記載「可保兌」字樣，並指定一家保兌行。

12.是否可議付。議付信用證須記載「議付」字樣，並指定一家或任意銀行做為議付行。

13.信用證金額。金額須以大、小寫同時記載。

14.付款期限。

15.貨物或服務描述。

16.溢短裝條款（如有）。

17.貨物貿易項下的運輸交貨條款，或服務貿易項下的服務提供條款。

（1）貨物貿易項下運輸交貨條款：

　　a. 運輸或交貨方式。

　　b. 貨物裝運地（港），目的地、交貨地（港）。

　　c. 貨物是否分批裝運、分期裝運和轉運，未做規定的，視為允許貨物分批裝運和轉運。

　　d. 最遲貨物裝運日。

（2）服務貿易項下服務提供條款：

　　a. 服務提供方式。

　　b. 服務提供地點。

　　　c.服務是否分次提供、分期提供，未做規定的，視為允
　　　　許服務分次提供。

　　　d.最遲服務提供日。

　　　e.服務貿易項下雙方認為應記載的其他事項。

　　18.單據條款，須註明據以付款或議付的單據，至少包括發
票，以及表明貨物運輸或交付、服務提供的單據，如運輸單據或
貨物收據、服務接受方的證明，或服務提供方、協力廠商的服務
履約證明。

　　19.交單期。

　　20.信用證項下相關費用承擔方。未約定費用承擔方時，由業
務委託人或申請人承擔相應費用。

　　21.表明「本信用證依據《國內信用證結算辦法》開立」的開
證行保證文句。

　　22.其他條款。

三、國內信用證的保兌

　　1.保兌是指保兌行根據開證行的授權或要求，在開證行承諾
之外，對相符交單付款、確認到期付款或議付的確定承諾。

　　2.保兌行自對信用證加具保兌之時起，即承擔對相符交單付
款、確認到期付款或議付的責任，不可撤銷。

　　3.指定銀行拒絕按照開證行授權或要求對信用證加具保兌
時，應及時通知開證行，並可僅通知信用證而不加具保兌。

　　4.開證行對保兌行的償付義務，不受開證行與受益人關係的
約束。

【67】國內信用證解析（3）──修改

一、國內信用證的修改

1. 開證申請人若須修改已開立的信用證內容，應向開證行提出修改申請，明確指出修改的內容。

2. 若為增額修改，開證行可要求申請人追加增額擔保；若為付款期限修改，不得超過《國內信用證結算辦法》規定之信用證付款期限的最長期限。

3. 開證行發出的信用證修改書中，應註明本次修改的次數。

4. 信用證受益人同意或拒絕接受修改時，應提供接受或拒絕修改的通知。如果受益人未能給予通知，當交單與信用證中尚未獲得接受的修改的要求一致時，即視為受益人已做出接受修改的通知，並且該信用證修改自此對受益人形成約束。對同一修改的內容不允許部分接受，部分接受將被視做拒絕接受修改。

5. 開證行自開出信用證修改書之時起，即受修改內容的約束，不可撤銷。

保兌行有權選擇是否將其保兌擴展至修改。保兌行若將其保兌擴展至修改，自做出此類擴展通知時，即受其約束，不可撤銷；若保兌行不對修改加具保兌，應及時告知開證行，並在給受益人的通知中告知受益人。

二、國內信用證及其修改的通知

（一）通知行的確定

　　通知行可由開證申請人指定，如開證申請人沒有指定，開證行有權指定通知行。通知行可自行決定是否通知。通知行若同意通知，應於收到信用證次日起三個營業日內通知受益人；若拒絕通知，應於收到信用證次日起三個營業日內告知開證行。開證行發出的信用證修改書，應透過原信用證通知行辦理通知。

　　（二）通知行的責任

　　1. 通知行收到信用證或信用證修改書，應認真審查內容是否完整、清楚，核驗開證行簽字、印章、所用密押是否正確等表面真實性，或另以電訊方式證實。若核驗無誤，應填製信用證通知書或信用證修改通知書，連同信用證或信用證修改書正本交付受益人。

　　通知行通知信用證或信用證修改的行為，表明其已確認信用證或修改的表面真實性，而且其通知準確反映了其收到的信用證或修改的內容。

　　2. 通知行若確定信用證或信用證修改書簽字、印章、密押不符，應即時告知開證行；表面內容不清楚、不完整者，應即時向開證行查詢補正。

　　3. 通知行在收到開證行回覆前，可先將收到的信用證或信用證修改書通知受益人，並在信用證通知書或信用證修改通知書上註明該通知僅供參考，通知行不負任何責任。

　　開證行應於收到通知行查詢次日起兩個營業日內，對通知行做出答覆，或提供其所要求的必要內容。

　　通知行應於收到受益人同意或拒絕修改通知書次日起，三個營業日內告知開證行，在受益人告知通知行其接受修改或以交單

方式表明接受修改之前，原信用證（或含有先前被接受的修改的
信用證）條款對受益人仍然有效。

　　開證行收到通知行發來的受益人拒絕修改通知，則信用證視
為未做修改，開證行應於收到通知次日起兩個營業日內，告知開
證申請人。

【68】國內信用證解析（4）──轉讓

一、國內信用證的轉讓

1.信用證轉讓，是指由轉讓行應第一受益人的要求，將可轉讓信用證的部分或者全部，轉為可由第二受益人兌用。

可轉讓信用證，指特別標註「可轉讓」字樣的信用證。

2.對於可轉讓信用證，開證行必須指定轉讓行，轉讓行可為開證行。轉讓行無辦理信用證轉讓的義務，除非其明確同意。轉讓行僅辦理轉讓，並不承擔信用證項下的付款責任，但轉讓行是保兌行或開證行時除外。

3.可轉讓信用證只能轉讓一次，即只能由第一受益人轉讓給第二受益人，已轉讓信用證不得應第二受益人的要求轉讓給任何其後的受益人，但第一受益人不視為其後的受益人。

已轉讓信用證，指已由轉讓行轉為可由第二受益人兌用的信用證。

4.第二受益人擁有收取轉讓後信用證款項的權利，並承擔相應的義務。

5.已轉讓信用證必須轉載原證條款，包括保兌（如有），但下列項目除外：

（1）可用第一受益人名稱替代開證申請人名稱；如果原信用證特別要求開證申請人名稱應在除發票以外的任何單據中出現，轉讓行轉讓信用證時須反映該項要求。

（2）信用證金額、單價可以減少，有效期、交單期可以縮短，最遲貨物裝運日或服務提供日可以提前。

（3）投保比例可以增加。

（4）有效地點可以修改為轉讓行所在地。

二、國內信用證的轉讓交單

1. 第一受益人有權以自己的發票替換第二受益人的發票後，向開證行或保兌行索償，以支取發票間的差額，但第一受益人以自己的發票索償的金額，不得超過原信用證金額。

2. 轉讓行應於收到第二受益人單據次日起兩個營業日內，通知第一受益人換單，第一受益人須在收到轉讓行換單通知次日起五個營業日內，且在原信用證交單期和有效期內換單。

3. 若第一受益人提交的發票導致了第二受益人的交單中本不存在的不符點，轉讓行應在發現不符點的下一個營業日內，通知第一受益人在五個營業日內，且在原信用證交單期和有效期內修正。

4. 如第一受益人未能在規定的期限內換單，或未對其提交的發票導致的第二受益人交單中本不存在的不符點予以及時修正，則轉讓行有權將第二受益人的單據隨附已轉讓信用證副本、信用證修改書副本及修改確認書（如有）直接寄往開證行或保兌行，並不再對第一受益人承擔責任。開證行或保兌行將依據已轉讓信用證副本、信用證修改書副本及修改確認書（如有），來審核第二受益人的交單是否與已轉讓信用證相符。

5. 第二受益人或者代表第二受益人的交單行，其交單必須交給轉讓行，信用證另有規定的除外。

三、國內信用證的部分轉讓

1. 若原信用證允許分批裝運或分次提供服務，則第一受益人可將信用證部分或全部轉讓給一個或數個第二受益人，並由第二受益人分批裝運或分次提供服務。

2. 第一受益人的任何轉讓要求，須說明是否允許以及在何種條件下允許將修改通知第二受益人，已轉讓信用證須明確說明該項條款。如信用證轉讓的第二受益人為多名，其中一名或多名第二受益人對信用證修改的拒絕，不影響其他第二受益人接受修改。對接受者而言，該已轉讓信用證即被相應修改，而對拒絕修改的第二受益人而言，該信用證未被修改。

3. 開證行或保兌行對第二受益人提交的單據，不得以下列狀況做為不符交單而拒付：

（1）索款金額與單價減少。

（2）投保比例增加。

（3）受益人名稱與原信用證規定的受益人名稱不同。

轉讓行應在收到開證行付款、確認到期付款函（電）次日起2個營業日內，對第二受益人付款、發出開證行已確認到期付款的通知。轉讓行可按約定向第一受益人收取轉讓費用，並在轉讓信用證時註明須由第二受益人承擔的費用。

【69】利用國內信用證進行貿易融資（1）

《國內信用證結算辦法（2016修正）》（中國人民銀行／中國銀行業監督管理委員會公告〔2016〕第10號）正式發布，讓境內企業可利用國內信用證來進行貿易融資。

假設境內A公司，其業務模式為境內採購原料生產加工後出口，A公司接到境外甲公司訂單，甲公司開具國際信用證給A公司，一般模式下，A企業拿到信用證後進行國內原物料的採購，如A公司自有採購資金不足，一般採取資產抵押從境內銀行獲得貸款，或者抵押甲公司開具的信用證以獲得融資，這兩種融資方式成本都較高。也有企業採取開具銀行承兌匯票給供應商，藉此降低自身融資成本，但銀行承兌匯票見票即付的特性，對境內銀行來說，本質上是將「有條件付款承兌（出口信用證）」轉化為「無條件付款承兌（銀行承兌匯票）」，對銀行來說風險較大。

如果境內A公司將取得的甲公司信用證抵押給境內銀行，在境內銀行獲得授信額度，境內銀行開立國內信用證給A公司供應商，並在國內信用證中對提單、交單的地點、交單期等進行約定，確保信用證交易的貿易真實性。這個模式的關鍵，在於「出口信用證」的「有條件付款承兌」可以被「國內信用證」完全繼承，相較於直接融資及「銀行承兌匯票」模式，可有效降低銀行的風險。如果銀行再控制A公司出口運輸單據，在「出口信用證」開票行拒絕承兌的情況下，仍可透過變賣A公司貨物，來抵補「國內信用證」項下的已支付款項。

上述流程，對A公司來說，透過「國內信用證」結算，一方

面信用證的開證費用低於融資利息，可有效降低融資成本，另一方面相較於銀行承兌匯票的「無條件付款承兌」，國內信用證的「有條件承兌」也可有效保障A公司的利益。如有供應商提前須要資金，還可以利用國內信用證取得融資，對本身融資能力不足的供應商來說，也很有吸引力。

其他優勢

相較於銀行承兌匯票，國內信用證結算還有如下優勢：

1. 銀行承兌匯票的付款期一般為六個月，國內信用證的付款期最長可以為一年。

2. 付款期更靈活。國內信用證按付款期不同，區分為「即期信用證」及「遠期信用證」。即期信用證在開證行收到相符單據次日起五個營業日內付款。遠期信用證，開證行應在收到相符單據次日起五個營業日內確認到期付款，並在到期日付款。遠期的表示方式包括：單據日後定期付款、見單後定期付款、固定日付款等可確定到期日的方式。

3. 可轉讓信用證僅可轉讓一次，相較於銀行承兌匯票可多次轉讓，開證申請人更容易控制相關風險。

當然，國內信用證也存在問題，那就是提交的運輸單據多為缺乏物權的運單或貨物收據，不僅銀行審查貿易背景真實性不易，更不利於國內信用證開證行掌控貨權，但相較於「銀行承兌匯票」仍有不可比擬的優勢。另外，相對於直接融資，國內信用證模式更有利於境內人民幣資金不足的台資銀行分行涉足貿易融資業務。

【70】利用國內信用證進行貿易融資（2）

之前說明了透過「出口信用證」轉換為「國內信用證」的模式，將「出口信用證」的「有條件付款承兌」完整轉移至「國內信用證」，降低銀行風險。本篇則分析將「國內信用證」轉變為「進口信用證」的模式。

假設某台商投資設立的境內A公司，其主要業務模式是從境外甲公司進口設備，賣給經銷商，由經銷商再銷售給終端使用者，由於A公司銷售的設備價值較高，且安裝調試期較長，從下單購買設備至收到經銷商支付的貨款，時間間隔須六至九個月以上。甲公司由於屬於供應鏈上游企業，每筆交易均須A公司先支付貨款或採取信用證交易方式，對A公司及其經銷商來說，資金壓力非常大。A公司經營業績每年都有較大幅度增長，資金不足問題也越來越嚴重，A公司想通過與經銷商的訂單來進行融資，但銀行認為訂單的真實性核實困難，其訂單客戶資信情況也難於核實，訂單還存在可能被撤銷等各種影響交易的情況，其訂單融資的還款來源難於保證。另外，A公司做為一家貿易公司，可用於擔保的不動產等資產極為有限，A公司在銀行透過訂單及資產擔保融資和開立進口信用證，都較為困難。

國內信用證則可解決A公司存在的上述問題。A公司可讓經銷商提供資產擔保給銀行，由經銷商申請開立延期六至九個月付款的國內信用證給A公司，由於有經銷商開立的受益人為A公司的國內信用證為訂單加了一層保證，銀行基於此，可為A公司開立受益人為甲公司的進口信用證，甲公司在收到A公司的進口信用證

後發貨。上述流程，利用國內信用證的銀行信用保證，達到了利用經銷商的信用為A公司融資的目的。

　　經銷商利用資產擔保開立國內信用證，會產生信用證開證費用，但相較於縮短付款期所需承擔的融資成本來說，開證費用還是比較低，A公司則通過「國內信用證」轉「進口信用證」，解決了資金緊張的問題，可逐步擴大經營規模，銀行透過此模式降低了開立「進口信用證」的風險，因此A公司、經銷商、銀行均為受益者。此模式也可採取經銷商開立「銀行承兌匯票」的方式，但銀行承兌匯票的「見票即付」對經銷商的權益較沒有保障，且銀行承兌匯票的最長付款期只能是六個月，相較此交易模式中付款期在六至九個月來說，無法達到目的，而國內信用證最長付款期可以為一年。

　　國內信用證具有可轉讓、付款期限較長，付款條件靈活等特點，但與國際貿易中的「信用證」又存在較大的差異，尤其是在國內信用證項下的貨運單據不僅不能代表貨權，還缺乏統一的規範格式，不能背書轉讓，不能做為有價證券在市場上流通。銀行在實務操作中須更注重「實質一致」的審單模式。

【71】上海自貿區金改新規解析

2016年11月23日人民銀行上海總部發布了《關於進一步拓展自貿區跨境金融服務功能支援科技創新和實體經濟的通知》（銀總部發〔2016〕122號，簡稱122號文），進一步拓展了上海自貿區自由貿易帳戶的功能。

一、全功能型跨境雙向人民幣資金池

1. 根據122號文的規定，擁有三家以上境內外生產及經營性企業的跨國集團，可申請設立全功能型的跨境雙向人民幣資金池。全功能跨境雙向人民幣資金池可根據銀行與公司間的協議，接受日間及隔夜透支服務。

全功能型跨境雙向人民幣資金池的跨境人民幣淨流出（入）限額＝資金池應計所有者權益×宏觀審慎政策係數（目前設定為1）

2. 自貿區內企業與境外企業間可自行選擇資金池的歸集幣種，自貿區外企業與區內企業或境外企業間只能歸集人民幣資金。參與資金池歸集的資金，只能是產生自生產經營活動和實業投資活動的現金流，外部融資產生的現金流暫不能歸集。

3. 全功能型跨境雙向人民幣資金池歸集的資金，應當用於滿足集團內企業的經營性融資資金需求，及以保值增值為目標的財務管理所需，還有集團內及供應鏈上資金集中收入需求。資金池資金不能用於非自用房產及股票投資。

二、允許符合條件的個人開立境外個人自由貿易帳戶（FTF帳戶）

（一）可開立FTF帳戶的境外個人

122號文並沒有要求境外個人必須在上海自貿區內企業工作，僅須符合下列條件其中一條即可開立FTF帳戶：

1. 符合相關認定標準的外籍高層次人才。

2. 在「上海科技創新職業清單」所列的機構就業，持有境外永久居留證的中國籍人才。

3. 在中國大陸註冊的國際性組織中工作，並按國際雇員管理的個人。

4. 其他符合條件的，在「上海科技創新職業清單」所列機構就業的境外個人。

（二）FTF帳戶的用途

1. 境內就業及生活相關的各類金融服務。

2. 境外醫療保險、子女教育、贍家服務、歸還房屋按揭貸款、消費貸款等跨境金融服務。

3. 參與國內外股權激勵計畫相關的金融服務。

4. 開展財務投資、財富管理等區內及資本項下業務的相關金融服務。

（三）其他

1. 銀行應憑上海出入境管理局核發的《中華人民共和國外國人居留許可》及個人的有效身分證明等，為符合條件的個人開立FTF帳戶。

2. 帳戶的收入來源僅限帳戶開立本人的境內合法收入,不能為他人代收代付。

三、其他開放事項

1. 支持金融機構透過分帳核算單元,為企業開展國際貿易融資業務。

2. 支援金融機構為「一帶一路」及「走出去」企業,提供跨境結算匯兌、擔保、融資等業務。

本次上海自貿區的FT帳戶政策仍未涉及境內個人的FT帳戶開立,這也與目前境內外匯的控流出政策相符。另須注意的是,隨著FT帳戶功能的逐步擴展,上海已通過FT帳戶驗收的銀行等於有了離岸業務資格,尤其是FT帳戶具有的「境內關外」的特點,可能會對台灣的銀行OBU業務造成影響。

【72】人民幣跨境政策解析（1）

人民幣目前不管是在資本項目還是經常項目下，都可以進行跨境收付。但對個人的人民幣跨境收付，仍沒有完全開放。

一、經常項目人民幣跨境收支

根據《中國人民銀行關於簡化跨境人民幣業務流程和完善有關政策的通知》（銀發〔2013〕168號）的規定，境內銀行可在「了解你的客戶」、「了解你的業務」、「盡職審查」三原則的基礎上，憑企業（出口貨物貿易人民幣結算企業重點監管名單內的企業除外）提交的業務憑證或《跨境人民幣結算收／付款說明》，直接辦理跨境結算。企業經常項下人民幣結算資金若需要自動入帳，境內銀行可先為其辦理入帳，再進行相關貿易真實性審核。相對外幣經常項目收入銀行須先審核真實性證明文件後才能為企業辦理入帳業務的規定來說，人民幣的經常項目跨境收支就放寬很多。

另外，對於跨境貿易項下的人民幣收入，在入帳的同時由銀行進行真實性審核，人民銀行事後進行監督檢查，不實行「貿易收結匯聯網核查制度」，也就沒有資金使用的額度限制。若預收、預付超過合同金 25%，企業僅須向銀行提交相應的合同，至於預計的報關時間，銀行在人民幣跨境收付管理系統中進行報送即可。

二、個人人民幣跨境收付

　　個人人民幣跨境收付目前僅在昆山、上海自貿區、廣東等部分地區試點，非試點地區的個人尚無法進行人民幣跨境收支，但試點地區的個人人民幣跨境收支也僅能是貿易及非貿易項下如工資薪金所得等，對資本項下的個人賣房所得等仍須購匯後匯出，無法直接以人民幣直接匯出。另外，台灣、香港、澳門居民每人每天可從境外同名帳戶劃轉 8 萬人民幣至境內帳戶。

　　據《關於進一步拓展自貿區跨境金融服務功能支援科技創新和實體經濟的通知》（銀總部發〔2016〕122號），上海自貿區目前已允許符合條件的外籍個人開立FTF帳戶，FTF可用於外籍個人境內就業及生活相關的各類金融服務、境外醫療保險、子女教育、贍家服務、歸還房屋按揭貸款、消費貸款等跨境金融服務。

三、人民幣跨境擔保

　　《關於簡化跨境人民幣業務流程和完善有關政策的通知》（銀發〔2013〕168號，以下簡稱168號文）規定：「境內非金融機構可以按照《中華人民共和國物權法》、《中華人民共和國擔保法》等法律規定，對外提供人民幣擔保。境內非金融機構對外擔保使用人民幣履約時，境內銀行進行真實性審核後，為其辦理人民幣結算，並向人民幣跨境收付資訊管理系統報送相關資訊。履約款項也可由境內非金融機構使用其境外留存的人民幣資金直接支付。」

　　對於人民幣跨境擔保是否要遵照《跨境擔保外匯管理辦法》（匯發〔2014〕29號）規定，進行跨境擔保登記、註銷，發生履約還須進行債權登記，並沒有明確訂定。實務中，對人民幣的跨境擔保仍須按照匯發29號文的相關規定實施。另須注意的是，168號文中所提的人民幣跨境擔保主體僅能為「境內非金融機構」，非銀行金融機構能否提供人民幣跨境擔保並不明確，個人則不能提供人民幣跨境擔保。

【73】人民幣跨境政策解析（2）

上篇文章分析了人民幣跨境中的經常項目收支、個人收支及人民幣跨境擔保的政策，本篇則主要說明人民幣跨境資本項下的政策。

一、人民幣外債

1. 投註差項下人民幣外債

根據《關於明確外商直接投資人民幣結算業務操作細則的通知》（銀發〔2012〕165號）的規定，外商投資企業可在註冊資本金足額到位的情況下借用人民幣外債，人民幣外債無論短期、中長期，均按發生額占用外商投資企業的投註差外債額度。

原本外商投資企業借用人民幣外債，是因為人民幣外債能夠歸還境內已使用完畢的人民幣貸款，但目前外幣外債已經可以結匯歸還境內已使用完畢的人民幣貸款。

2. 全口徑外債政策

根據《中國人民銀行關於在全國範圍內實施全口徑跨境融資宏觀審慎管理的通知》（銀發〔2013〕132號，簡稱132號文），境內所有企業（不含房地產開發企業及地方政府融資平台）均可按照淨資產的一倍為限借用外債。按照132號文的計算方式，企業借用期限在一年以上的人民幣外債，可借到淨資產一倍的金額，如借款期在一年期以下（含一年），則可借到淨資產三分之二的金額。

須注意的是，外商投資企業僅可在投註差外債及全口徑外債

政策中擇一適用，選定後，無合適理由不能更改。另外，原上海
自貿區、深圳前海、蘇州、昆山等地的跨境人民幣借款政策，也
將在2017年4月份過渡到全口徑外債政策。

二、跨境人民幣雙向資金池

（一）全國版跨境人民幣雙向資金池

根據《中國人民銀行關於進一步便利跨國企業集團開展跨境
雙向人民幣資金池業務的通知》（銀發〔2015〕279號），符合條
件的跨國集團可以申請成立跨境人民幣雙向資金池，條件規定如
下：

1. 境內外成員企業最低經營年限為一年。

2. 境內成員企業上年度營業收入合計金額人民幣10億元。

3. 境外成員企業上年度營業收入合計金額人民幣 2 億元。

跨國企業的跨境雙向人民幣資金池業務實行「上限管理」原
則，也就是資金池任一時點淨流入的餘額，不得超過上限（淨流
入額是資金池跨境流入額減去流出額的淨額），淨流入餘額的上
限計算如下：

（1）跨境人民幣資金淨流入額上限 = 資金池應計所有者權益
　　　×宏觀審慎政策係數（設定為0.5）

（2）資金池應計所有者權益 = ∑（境內成員企業所有者權益
　　　×跨國企業集團持股比例）

（二）上海自貿區跨境人民幣雙向資金池

《關於進一步拓展自貿區跨境金融服務功能支援科技創新和
實體經濟的通知》（銀總部發〔2016〕122號）規定，擁有三家以

上境內外生產及經營性企業的跨國集團，可申請設立全功能型的跨境雙向人民幣資金池。全功能跨境雙向人民幣資金池可根據銀行與公司間的協議，接受日間及隔夜透支服務。

全功能型跨境雙向人民幣資金池的跨境人民幣淨流出（入）限額＝資金池應計所有者權益×宏觀審慎政策係數（目前設定為1）

另外，廣東、福州及天津自貿區也都有相關的跨境人民幣雙向資金池政策，但都尚未公布相對應的細則。

【74】人民幣跨境政策解析（3）

本篇繼續接上篇分析人民幣資本項目的跨境政策。

一、人民幣境外放款

根據《中國人民銀行關於簡化跨境人民幣業務流程和完善有關政策的通知》（銀發〔2013〕168號，簡稱168號文）的規定，境內非金融機構可向境內銀行中辦人民幣境外放款結算業務。具有股權關係或同由一家母公司最終控股，且由一家成員機構行使地區總部或投資管理職能的境內非金融機構，可使用人民幣資金池模式，向境內銀行申請開展人民幣資金池境外放款結算業務。168號文並沒有明確人民幣跨境放款的金額限制等，但最新發布的《關於進一步明確境內企業人民幣境外放款業務有關事項的通知》（銀發〔2016〕306號）則對人民幣跨境放款的放款對象、放款額度等予以進一步的調整，詳見第75章關於306號文的分析。

二、人民幣境外投資

《國家外匯管理局關於進一步簡化和改進直接投資外匯管理政策的通知》（匯發〔2015〕13號）取消了境外直接投資項下外匯登記核准的行政審批，外匯局也不再負責境外投資外匯登記事項，只是透過銀行對直接投資外匯登記實施間接監管。銀行按照《直接投資外匯業務操作指引》直接為企業審核辦理境外直接投資項下外匯登記，此處的外匯登記不僅包括外幣的境外投資，還包括人民幣的境外投資。

　　須注意的是，境內企業赴境外投資須獲得發改委、商務部門的核准，其中發改委主要是從海外投資角度對投資項目進行核准，商務部門主要是針對海外投資設立境外企業進行核准。

三、其他跨境流通方式

1. 銀行間市場

　　《關於進一步做好境外機構投資者投資銀行間債券市場有關事宜的公告》（中國人民銀行公告〔2016〕第 3 號）將境外機構範圍進一步擴大，從原來的境外央行、港澳地區人民幣業務清算行、境外參加銀行、國際金融組織、主權財富基金、QFII和RQFII，擴大到絕大部分境外金融機構。

　　《境外機構投資者投資銀行間債券市場備案管理實施細則》則規定，新的合格境外機構投資者進入銀行間債券市場，須向央行上海總部備案，境外機構投資者自備案完成之日起九個月內，匯入的投資本金若不足其備案擬投資規模50%，須重新報送擬投資規模等信息。

2. 熊貓債

　　熊貓債是指境外機構在中國境內發行的人民幣債券。《國際開發機構人民幣債券發行管理暫行辦法》（中國人民銀行／財政部／國家發展和改革委員會／中國證券監督管理委員會公告〔2010〕第10號）對境外機構發行熊貓債進行了規範。

　　發行熊貓債所募集的資金，須優先用於境內項目的中長期固
定資產貸款或提供股本資金，若所籌集的人民幣資金直接匯出境
外使用，應遵守中國人民銀行的有關規定。經國家外匯管理局批
准，所籌集的資金可以購匯匯出境外使用。另外，熊貓債經相關
市場監督管理部門批准，可以交易流通。

【75】人民幣境外放款政策解析

2016年11月29日發布的《關於進一步明確境內企業人民幣境外放款業務有關事項的通知》（銀發〔2016〕306號，簡稱306號文），對《中國人民銀行關於簡化跨境人民幣業務流程和完善有關政策的通知》（銀發〔2013〕168號）中的境內企業人民幣境外放款政策，進行了修改及細化。

一、放款對象及條件

1. 人民幣境外放款業務，是指境內企業通過結算銀行將人民幣資金借貸給境外企業，或經企業集團財務公司以委託貸款的方式，透過結算銀行將人民幣資金借貸給境外企業的行為。

2. 經辦銀行應要求放款人在辦理人民幣境外放款業務前，在所在地外匯管理部門進行登記，在企業境外放款餘額上限內為其辦理業務。

3. 放款人應註冊成立一年以上，與借款人之間應具有股權關聯關係。

二、放款額度

根據306號文的規定，境內企業對境外具有股權關聯關係的企業放款，其額度計算方式如下：

1. 企業境外放款餘額上限 = 最近一期經審計的所有者權益 × 宏觀審慎調節係數（目前設定為0.3）

2. 企業境外放款餘額 = ∑境外放款餘額 + ∑提前還款額 ×

（1＋提前還款天數／合同約定天數）＋∑外幣境外放款餘額×幣種轉換因數（目前設定為 0）

每五年對提前還款所占額度進行清零（編註：意思是恢復到初始狀態）。

人民銀行可根據宏觀經濟形勢和跨境資金流動情況，對宏觀審慎調節係數和幣種轉換因數進行動態調整。企業的境外放款，任一時點都不能超過其上限。

三、其他事項

1. 放款人不得使用個人資金向借款人進行境外放款，不得利用自身債務融資為境外放款提供資金來源。

2. 放款人向境外放款的利率應符合商業原則，在合理範圍內協商確定，但必須大於零。放款期限原則上應在六個月至五年內，超過五年（含五年）時應報當地人民銀行分支機構進行備案。

3. 經辦銀行應提醒放款人及時收回放款資金。出現借款人逾期未歸還，且放款人拒不做出說明或說明缺乏合理性，則經辦行應暫停為其辦理新的境外放款業務，並及時向當地人民銀行分支機構報送相關情況。境外放款可以展期，但原則上同一筆境外人民幣放款展期不超過一次。

4. 對於短期頻繁發生的境外放款業務，經辦銀行應要求放款人提供相關情況說明，一旦發現有違規行為，立即停止為其辦理新的境外放款業務。對於當前境外放款餘額已超過政策調整後餘額上限的放款人，經辦銀行應暫停為其辦理境外放款業務。

5. 放款人應按照《人民幣銀行結算帳戶管理辦法》（中國人民銀行令〔2003〕第 5 號發布）等銀行結算帳戶管理規定，申請開立人民幣專用存款帳戶，專門用於辦理人民幣境外放款業務。同時，人民幣境外放款必須經由放款的人民幣專用存款帳戶以人民幣收回，且回流金額不得超過放款金額及利息、境內所得稅、相關費用等合理收入之和。

306號文對人民幣境外放款明確規定了放款額度、境內放款企業須與境外放款對象具有股權關聯關係，且人民幣境外放款需要外匯局進行前置審批等銀發168號文中未明訂的問題。從其需前置審批及需與外幣境外放款共用額度等規定來看，人民幣境外放款的政策趨於收緊。

【76】「外保內貸」項下資金結購匯分析

《跨境擔保外匯管理規定》（匯發〔2014〕29號，簡稱29號文）中明確規範了外保內貸項下履約款的結購匯，但對境內企業從境內銀行取得的貸款能否用於結購匯，未做出明確規定，但人民銀行及外匯局在其他相關文件中有所規範，實務中，境內放款銀行須注意相關風險。

一、境內人民幣貸款能否用於購匯

根據《中國人民銀行關於改進外匯擔保項下人民幣貸款管理的通知》（銀發〔1999〕223號）：「一、本通知所稱『外匯擔保項下人民幣貸款』，是指由境外金融機構或境內外資金融機構（以下稱『外資銀行』）提供信用保證（含備用信用證）或由境內外商投資企業（包括中外合資、中外合作、外商獨資經營企業）提供外匯質押，　由境內中資外匯指定銀行（以下稱『人民幣貸款行』）向境內外商投資企業（以下稱『借款人』）發放的人民幣貸款。……三、外匯擔保人民幣貸款可用於滿足固定資產投資和流動資金需求，但不得用於購匯。」

根據上述規定，外保內貸項下境內企業所取得由境內銀行發放的人民幣貸款，不能用於購匯。因此不能透過外保內貸方式，在境內銀行取得人民幣貸款購匯，歸還從境內銀行取得的外幣貸款、償還外債或支付外幣貨款等。

二、境內外幣貸款能否結匯為人民幣

根據中國大陸國家外匯管理局《關於實施〈境內外資銀行外債管理辦法〉有關問題的通知》（匯發〔2004〕59號）：「（四）中、外資金融機構發放的國內外匯貸款，除出口押匯外不得結匯。」

因此，外保內貸項下境內企業從境內銀行發放的外幣貸款如果須結匯為人民幣使用，必須滿足貸款是出口押匯項下的條件，否則不能結匯。

三、外保內貸項下履約款能否結購匯

根據29號文的規定，外保內貸項下履約後，如果境內銀行從境外收到的履約款與境內貸款幣種不一致，如需結購匯，須由外匯局資本項目管理部門受理。如簽訂貸款擔保合同時無違規行為，外匯局可批准其擔保履約款結購匯。

須注意的是，境內銀行需要提交債務人提供的外保內貸履約項下外債登記證明文件（若因清算、解散、債務豁免或其他合理因素導致債務人無法取得外債登記證明，應當說明原因）給外匯局，才能申請結（購）匯。實務中，境內企業無還款能力情況下，一般不會去外匯局進行外債登記，因此也無法取得外債登記文件，這種情況下，銀行會面臨無法將擔保幣種結（購）匯為履約幣種的問題，如欲避免此問題發生，境內銀行可考慮採取以下方式處理：

　1. 境外擔保幣種與境內放款幣種保持一致，這樣就無須申請結購匯。

　2. 請境外擔保方提供聲明，若境內企業無法還款，境外擔保方願放棄債權，則萬一出現境內企業無法還款，境內銀行可憑放棄債權申明至外匯局申請結購匯。

【77】台商資金匯出中國大陸分析

　　由於人民幣匯率劇烈波動，加上對未來經濟環境的擔心，近期中國大陸台商有著強烈的動機要將資金匯往境外，但中國大陸現階段仍處於外匯高度管制，就算是人民幣資金要匯出中國大陸，也存在許多限制與障礙，更別說目前外管局最在意企業將人民幣換匯為美元後匯往境外的行為。

　　如果是台籍個人要將在中國大陸的資金匯往境外，除非是合法且有納稅的資金，像是已完稅的工資收入，或出售個人在中國大陸名下的房產，否則外籍個人很難找到合法管道將資金匯往境外。但如果是台資企業，情況就有所不同，因為企業會有較多的合法途徑可以將資金匯往境外。

　　很多企業利用貿易項下監管較寬鬆的灰色地帶，透過「預付貨款」途徑將中國大陸境內資金匯往境外，問題是「預付貨款」最終還是得進行外匯核銷手續，也還是存在外匯監管的問題，所以只能瞞得一時，瞞不了一世，台商在利用「預付貨款」進行資金調度時必須先三思而後行。

利用資本項下進行資金匯出

　　台資企業要將中國大陸的人民幣現金，不管是直接或換匯為美元匯往境外，資本項下才是較佳的選擇，最常見利用資本項下進行資金匯出的理由是分配利潤，或是償還境外的外債。如果台資企業帳上有較多未分配利潤，目前是進行利潤分配的很好時

機；至於償還外債，因為2016年人民幣一下子貶值了許多，加上大部分台資企業的外債都是美元外債，在美元看升、中國大陸境內人民幣貸款利率下調等背景下，向中國大陸本地銀行借人民幣來償還境外美元外債，也是目前相當主流的資金調度選項。

其他台資企業可利用來進行匯出資金的資本項下理由，還包含借錢給境外企業，根據目前規定，境內企業借款給境外企業，可採取「資金池」或直接借款兩種選擇，其中又以資金池方式進行中國大陸境內外資金調度最為方便。但要使用資金池進行跨境資金調度，對企業本身有著很高的門檻要求，例如集團境內外總營收須超過10億元人民幣，或是加入資金池的企業皆須成立滿一年以上，因此實務中大部分企業都是採取直接借款方式。

直接借款給境外企業人民幣資金，主要依照銀發〔2013〕168號文規定，要注意的是，168號文雖未對借款額度進行限定，但實務中不能超過出借資金的境內企業淨資產，而如果是借給境外企業外幣，則是按照匯發〔2009〕24號文，借款到境外的最大金額，不能超過境內出借資金方淨資產的30％（若是註冊在上海自貿區的企業，則可以到50％），借款期則可超過兩年。

對台資企業來說，要把中國大陸的閒置資金匯往境外，必須先考慮合法合規，如果考慮稅務成本，滿足外匯監管要求，避免衍生後遺症等綜合考量下，目前最務實的做法是在境外設立子公司，以中國大陸投資到境外子公司的「出資到位」理由，經外管局審批同意後，大大方方地將資金從中國大陸匯往境外，並在以

中國大陸境內企業做為母公司的報表上，如實披露境外子公司出資到位後的資金去向，這才是現階段台商從中國大陸將資金匯往境外的最佳方案。

【78】中國大陸嚴查個人外匯資金分析

隨著人民幣趨貶，加上台灣的銀行人民幣定存利率遠高於中國大陸，中國大陸台商個人無不想盡辦法，把存在中國大陸境內的人民幣匯往境外，常見手段是透過中國大陸當地銀行的提款卡，回台灣後直接在銀行ATM機上領出現金，或是想辦法找中國大陸當地朋友當人頭，利用中國大陸每人每年有 5 萬美元購匯的額度不須審查、也不須理由，把手邊的人民幣現金轉成美元後匯回台灣。

中國大陸外管局2015年先是對利用銀行提款卡在境外直接領取現金的行為進行設限，規定每張提款卡每年在境外領取的現金，不得超過10萬元人民幣，同時還對個人外匯資金進出中國大陸進行嚴控，因為擔心資本外逃，所以針對個人把資金匯出中國大陸更為謹慎，並在2015年的最後一天針對個人外匯資金進出中國大陸，進行專項規定。

2015年12月31日，外管局發布了49號文《國家外匯管理局關於進一步完善個人外匯管理有關問題的通知》，重點在建立個人外匯資金異常監測系統。過去，根據《個人外匯管理辦法》規定，中國大陸本地居民每年有 5 萬美元額度可無須理由就進行結匯或購匯，但如果是外籍個人，雖然也是每人每年 5 萬美元額度可自由「結」匯無須理由，但如果是「購」匯，就必須提交相對應證明文件。

2009年56號文的規定

　　一如本文一開始所說，許多人借用他人做為人頭進行購匯，將人民幣換匯為美元後匯往境外，所以49號文直接規定，對借用他人額度辦理結售匯行為的個人，將直接列入「關注名單」，也就是成為外管局高度監控的黑名單，其實早在2009年的56號文《國家外匯管理局關於進一步完善個人結售匯業務管理的通知》，就已經針對個人分拆結、售匯的行為進行過規定：

　　1. 境外同一個人或機構，在同日、隔日或連續多日，將外匯匯給境內五個以上的不同個別收款人進行結匯。

　　2. 五個以上不同個人，同日、隔日或連續多日分別購匯後，將外匯匯給境外同一個人或機構。

　　3. 五個以上不同個人，同日、隔日或連續多日分別結匯後，將人民幣資金存入或匯入同一個人或機構的人民幣帳戶。

　　4. 個人在七日內從同一外匯儲蓄帳戶，五次以上提取接近等值1萬美元外幣現鈔；或五個以上個人，在同一日內，共同在同一銀行網點，每人辦理接近等值5,000美元現鈔結匯。

　　5. 同一個人將其外匯儲蓄帳戶內存款，劃轉至五個以上直系親屬，直系親屬分別在年度總額內結匯；或同一個人的五個以上直系親屬，分別在年度總額內購匯後，將所購外匯劃轉至該個人外匯儲蓄帳戶。

　　6. 其他通過多人次、多頻次規避限額管理的個人分拆結售匯行為。

　　如果發生上述 6 類行為，則會被視為個人進行分拆結、售匯業務。

　　台商要特別注意第五點，就算是直系親屬間將資金劃轉進行結、購匯，也會被列入「關注名單」，雖說被列入「關注名單」並不會就被外管局暫停個人辦理外匯交易和匯款業務，但在當年及往後的兩年內，如果要辦理個人結、售匯業務，就必須憑本人有效身分證件和其他證明資料，才可以在銀行櫃檯辦理個人結售匯業務。

【79】外籍個人合法匯出中國大陸境內所得分析

外籍個人在中國大陸境內的合法所得，如薪資、股息紅利、賣房所得等，均可按規定換匯後匯至境外。

一、攜帶現鈔出境

根據個人外匯管理辦法，個人攜帶等值5,000美金或20,000人民幣以下的現鈔可直接出境，若超過等值5,000美元但未超過等值10,000美元，須向銀行申請開立《攜帶外匯出境許可證》，並向海關申報。若欲攜帶超過等值10,000美元以上的現鈔出境，外匯局原則上不予核准。

因此外籍個人如要將於中國大陸的合法收入以現鈔方式攜帶出境，須注意每次攜帶金額的限制性規定。

二、現匯匯出

1. 工資薪金所得

外籍個人在中國大陸取得的工資薪金所得，根據《國家稅務總局國家外匯管理局關於服務貿易等項目對外支付稅務備案有關問題的公告》（國家稅務總局國家外匯管理局2013年第40號公告），單筆匯出 5 萬美元以上，須向稅務局申請辦理《服務貿易等項目對外支付稅務備案表》後，再至銀行辦理購匯支付；單筆 5 萬美元以下，無須辦理稅務備案表，即可至銀行支付，銀行原則上可不審核單據，但實務中，仍有銀行會要求提供個人所得稅繳稅憑證，用以證明收入的來源合法。

2. 股息紅利所得

根據《國家外匯管理局關於進一步促進貿易投資便利化完善真實性審核的通知》（匯發〔2016〕7 號）：「六、規範直接投資外匯利潤匯出管理。銀行為境內機構辦理等值 5 萬美元以上（不含）利潤匯出，應按真實交易原則審核與本次利潤匯出相關的董事會利潤分配決議（或合夥人利潤分配決議）、稅務備案表原件及證明本次利潤情況的財務報表。每筆利潤匯出後，銀行應在相關稅務備案表原件上加章簽註該筆利潤實際匯出金額及匯出日期。」

外籍個人從其直接持有的中國大陸境內公司所取得的股息、紅利，單筆超過 5 萬美元的匯出，按上述規定準備資料後至銀行辦理即可，若單筆 5 萬美元以下，可直接至銀行辦理匯出。另須注意的是，外籍個人直接投資中國大陸境內公司所取得的股息紅利，在匯出時免徵個人所得稅。

3. 賣房所得

外籍個人將自己名下的中國大陸房產賣出所得，可按規定匯出，其匯出程序已在第46章中予以說明，本篇不再討論。

三、其他

1. 上述所得，在金額不大的情況下，也可透過境內銀行卡直接在境外ATM機取現，根據目前的規定，每卡每日取現金額不能超過等值 1 萬人民幣，每年不能超過等值10萬人民幣，如果外籍個人持有三張境內銀行卡，則每年可透過境外ATM機直接取現等值30萬人民幣。

2. 中國大陸目前仍未放開個人的跨境人民幣匯款，因此上述所得除個別試點地區（昆山、上海自貿區等）外，仍須換匯匯出，無法以人民幣匯出。所以無法在境內直接兌換的幣種（如台幣），須先在境內兌換為美元，匯至台灣後再兌換成台幣，會出現兩次換匯損失。

3. 外籍個人在中國大陸取得的其他所得，如人頭公司的股息紅利所得、他人名下的房產交易所得，均無法透過合法途徑匯出。

【80】外籍個人於中國大陸賣房所得匯出分析

　　根據《國家外匯管理局關於進一步改進和調整直接投資外匯管理政策的通知》（匯發〔2012〕59號文），及《國家稅務總局國家外匯管理局關於服務貿易等項目對外支付稅務備案有關問題的公告》（國家稅務總局國家外匯管理局2013年第40號公告），自2012年12月17日起，取消境外人士轉讓境內房屋的購付匯核准，但單筆支付超過 5 萬美元（等值）的賣房款項，仍應憑相關交易資料到所在地稅務機關，辦理《服務貿易等項目對外支付稅務備案表》，再憑該備案表到銀行辦理購匯付出。

一、服務貿易等項目對外支付稅務備案表辦理程序

　　1. 向主管國稅機關提交加蓋公章的合同（協議）或相關交易憑證影本（外文文本應同時附送中文譯本）。

　　2. 填報《服務貿易等項目對外支付稅務備案表》（一式三份）。

　　3. 若同一筆合同必須多次對外支付，備案人須在每次付匯前辦理稅務備案手續，但只須在首次付匯備案時提交合同（協議）或相關交易憑證影本。

　　4. 服務貿易等項目對外支付稅務備案表獲得方法：

　　（1）在主管國稅機關辦稅服務廳窗口領取。

　　（2）從主管國稅機關官方網站下載。

　　5. 備案人提交的資料齊全、《備案表》填寫完整，則主管國稅機關無須當場進行納稅事項審核，即編制《備案表》流水號，

在《備案表》上蓋章，一份當場退還備案人，一份留存，一份於次月10日前以郵寄或其他方式遞交給備案人主管地稅務機關。

二、銀行辦理資金匯出時須準備的資料

1. 申請書（手寫、列印均可）。須包括下列內容：

（1）原購買房屋的時間、當初購房人的國籍、證件號碼。

（2）持有房屋時間、現出售房產的原因、交易對象、價款、繳稅等關於房屋出售的詳細情況。

（3）申請購匯匯出人民幣金額（該金額≦房屋出售價格－交易稅費）；若只申請部分匯出，須說明留存原因，並在申請書上註明「剩餘部分不再匯出」。

（4）欲購買外幣幣種、欲兌換外匯的人民幣帳戶銀行名稱及帳號。

（5）申請人簽名、申請日期。

2. 出售方身分證明（正、影本）。

3. 此次經公證的房屋出售合同（正、影本）。

4. 房屋產權轉移證明影本（例如新房屋產權證、交易中心查詢單或房地產登記收件收據）。

5. 繳納稅金的單據憑證（稅收通用繳款書）正、影本。

6. 服務貿易等項目對外支付稅務備案表。

須注意的是，上述資料中已經取消須提交買房時的結匯水單或資金來源證明的要求。之前購房時資金不是循正規途徑匯入的

外籍個人，其賣房所得也可以從銀行購匯匯出，但房產若不在外籍個人名下持有（比如其大陸配偶名下持有的房產），其賣房所得則無法匯出。

三、其他事項

1. 賣房所得匯出屬於資本項目，目前尚無法以人民幣直接匯出，須在境內兌換成外幣後才能匯出。

2. 匯發〔2012〕59號文取消了個人房產異地購匯匯出限制，外籍個人可選擇異地購匯匯出。

【81】中國大陸開查非居民金融帳戶對台商的影響

2016年10月14日中國大陸國家稅務總局發布了《非居民金融帳戶涉稅信息盡職調查管理辦法（徵求意見稿）》。根據管理辦法，中國大陸金融機構將對非居民金融帳戶展開調查，收集帳戶相關信息。其目的是為了配合《金融帳戶涉稅信息自動交換標準》中的共同申報準則（CRS，全球版FATCA），定期與其他國家（地區）稅務主管當局相互交換信息（與一般的稅務信息交換須提交申請不同，CRS的信息交換是定期自動進行，無須理由），因此其影響面極大。中國大陸首次對外交換非居民金融帳戶涉稅信息的時間是2018年9月。只是台灣目前尚未簽署CRS，暫時還不會與中國大陸交換相關金融帳戶的信息。

一、非居民金融帳戶的定義

1. 非居民的定義

非居民是指中國大陸稅收居民以外的個人、企業和其他組織，但不包括政府機構、國際組織、中央銀行、金融機構，或者在證券市場上市交易的公司及其關聯機構。中國大陸稅收居民個人是指在中國大陸境內有住所，或者無住所而在境內居住滿一年的個人（在中國大陸境內有住所是指因戶籍、家庭、經濟利益關係而在中國大陸境內習慣性居住）；中國稅收居民企業是指依法在中國大陸境內成立，或者依照外國（地區）法律成立但實際管理機構在中國大陸境內的企業。符合上述條件的個人和企業，即構成中國大陸稅收居民。

須注意的是，同時構成中國稅收居民和其他稅收管轄區稅收居民時，視為本辦法所稱非居民。

根據上述規定，在中國大陸有住所或居住滿一年的台籍個人，屬於中國大陸稅收居民，但如果同時還是台灣的稅收管轄區居民，則仍會被判定為非居民，因而被納入金融帳戶調查範圍。

2. 須進行金融帳戶調查的金融機構

根據管理辦法的規定，非居民金融帳戶在以下金融機構開立的帳戶均包含在調查範圍內：

（1）商業銀行、農村信用合作社等吸收公眾存款的金融機構以及政策性銀行。

（2）證券公司。

（3）期貨公司。

（4）證券投資基金管理公司、私募基金管理公司、從事私募基金管理業務的合夥企業。

（5）開展有現金價值的保險或者年金業務的保險公司、保險資產管理公司。

（6）信託公司。

（7）其他符合條件的金融機構。

3. 金融帳戶信息報送內容

根據管理辦法，金融機構須按年向國稅總局報送帳戶的名稱、納稅人識別號、地址、帳號、餘額、利息、股息以及出售金融資產的收入等信息。

二、中國大陸實施CRS及金融帳戶信息調查時間表

1. 2017年1月1日開始，對新開立的個人和機構帳戶開展盡職調查。

2. 2017年12月31日前，完成對存量個人高淨值帳戶（截至2016年12月31日金融帳戶加總餘額超過100萬元）的盡職調查，識別其中的非居民帳戶。

3. 2018年6月30日前（預計），完成向國稅總局的首次信息報送，並在以後年度每年定期向國稅總局報送信息。

4. 2018年9月30日前，中國大陸將與其他參與CRS的轄區完成首次轄區間的信息交換，往後將每年度定期進行轄區間信息交換。

5. 2018年12月31日前，完成對存量個人低淨值帳戶和全部存量機構帳戶的盡職調查，識別其中的非居民帳戶。

上述帳戶加總餘額，是指帳戶持有人在同一金融機構及其關聯機構，所持有的全部金融帳戶餘額或者資產的價值之和。

三、對台商的影響

假設台灣也加入CRS，從台商個人來說，如果被判定為非居民，則存放在中國大陸金融機構名下的薪資、股息紅利、賣房所得等合理或不合理的收入，均會被交換給台灣稅務局，台灣稅務局會根據收入性質等判斷是否必須在台灣繳納個人所得稅。簽署CRS的國家和地區已經有100多個，因此就算將資金轉匯至其他國家，仍會存在上述情況。

　　全球進行稅收信息交換是大勢所趨，台商之前採取個人在免稅地設立境外公司進行避稅的做法也將失效。台商須換個角度思考在稅收趨嚴，稅務成本上升的情況下，如何透過上市等方法實現股東價值最大化。

第三篇

財稅

【82】高新技術企業新規影響台商納稅

2008年新版《企業所得稅法》生效後,台商在中國大陸的稅收優惠幾乎完全消失,於是,「高新技術企業」的15％企業所得稅稅率,便成為所有台商最關鍵的節稅重點。問題是,「高新技術企業」的認定標準在知識產權、人員比例、研發費用、高新產品收入比例等,都有著很高的門檻,實務中真正能滿足這些條件的台商,簡直鳳毛麟角。

2015年10月中國大陸官方發布了《高新技術企業認定管理辦法》的徵求意見稿,2016年正式實施後,將同時廢止2008年制定上述認定標準的172號文,對比前後高新技術企業認定標準差異,主要體現在放寬台商難以達到的科研人員比例和研發費用占比兩項指標。

一、科研人員比例

之前172號文規定的「高新技術企業」認定標準,是大學專科以上學歷的科技人員,必須占當年職工總數的30％以上,而且研發人員還要占企業當年職工總數的10％以上。此次徵求意見稿明白表示,將取消科研人員須占當年職工總數10％的要求,而且科技人員不必一定要是大學專科以上學歷,同時,科技人員的占比也從原先的30％下降到10％。

對於大多是從事生產製造的台商來說,因為僱工多,真正的技術人員多為職校或技校畢業,過去很難滿足大學專科學歷要占30％的要求,雖然實務中有台商透過依照生產、銷售、研發等

職能將公司進行撥離分立，把高學歷員工集中在研發和銷售公司中，以達到滿足「高新技術企業」科技與科研人員的門檻，但總是會衍生管理或稅務成本的問題，未來新規定生效後，台商就不須再如此大費周章。

二、科研費用占比

172號文在科研費用要求上，是根據近三個會計年度的研究開發費用總額，占銷售收入總額的比例，區分為三個級別：最近一年銷售收入小於5,000萬元人民幣的企業不低於6％；在5,000萬到2億元人民幣的企業不低於4％；如果是2億元人民幣銷售金額以上的企業則不低於3％。

而這次徵求意見稿針對科研費用占比分層進行簡化，僅區分為二個級別，也就是以2億元人民幣銷售金額做為界線，最近一年小於2億元的企業要申請高新技術企業，研發費用占比不可低於4％，若是銷售收入在2億元人民幣以上，則不可低於3％。

三、核心知識產權認定

過去，在核心知識產權認定上，172號文允許企業可以透過五年以上的獨占許可方式，承認主要產品核心技術擁有自主知識產權，但實務中，由於獨占授權合約通常具隱祕性，主管機關要監管非常困難，所以此次徵求意見稿取消了「獨占許可」類型，未來將不再允許核心知識產權獨占許可的方式。

最後值得台商注意的是，徵求意見稿強化了取得高新技術企業後的後續監管措施，要求公司須於每年4月底前，在「高新技

術企業認定管理工作網」填報上一年度知識產權、科技人員、研發費用、經營收入等年度發展情況，累計兩年未填報年度發展情況報表，就有可能被取消高新技術企業資格。當然，如果自己申報的資料日後被官方證明有誤，那就得面對被追回稅款和繳納滯納金等連串處罰。

【83】利潤匯出所得稅滯納金實務分析

　　過去因為看升人民幣，加上中國大陸境內人民幣定存及銀行提供各類結構性理財產品的報酬率相當高，台商多把利潤留在中國大陸境內，不匯到境外母公司；如果境外需要資金，就以Stand by L／C或是跨境抵押等替代方案，由中國大陸境內為境外母公司提供擔保，協助境外母公司在境外取得低成本的資金。

　　問題是近期人民幣匯率急轉直下，同時台灣OBU人民幣定存利率不斷攀高，甚至突破4.5％，遠超過中國大陸目前的定存利率，導致中國大陸台商紛紛計劃把帳上的未分配利潤匯到境外。但將未分配利潤匯到境外前，必須先經股東會或董事會決議，且在帳上轉成「應付股利」科目，繳完10％利潤匯出所得稅後，才能去銀行辦理資金流的利潤匯出動作。

　　實務中，為了資金利用效率考量，台商完成利潤分配的決議後，多不會馬上到稅務局完稅，而是在帳上先形成應付股利後，拖到真正要匯款到境外前，再去繳納10％的利潤匯出所得稅。但以昆山為例，昆山稅務局2015年底開始，對遲繳10％利潤匯出所得稅的企業，嚴格執行按「日」計徵滯納金的政策，造成台商另一項稅收負擔。

繳交期限的起算

　　2015年11月26日，昆山市國稅局在國稅局網站上發布《關於非居民稅收業務的納稅提醒》，再次強調2011年國家稅務總局發布的24號文《關於非居民企業所得稅管理若干問題的公告》；

企業向境外股東分配利潤時，應把股東會或董事會做出股利分配決定的日期，做為企業要為境外股東代扣代繳10％利潤匯出所得稅的起算日。而且稅款必須在扣繳義務產生之日起七天內繳入國庫，一但逾期未繳稅，將按每日加收稅款的0.05％做為滯納金。

目前昆山地區已徹底落實24號文，從2016年初至今，發生了眾多台商因沒有在決議之日起七天內繳納利潤匯出所得稅，被稅務局要求按日計徵滯納金的情況。

前面曾分析，中國大陸台商實際股利匯出的日期，往往遠晚於股東會或董事會做出股利分配決議的日期，甚至還有台商出現今年決議分配股利，但實際執行股利匯出的時間要到下一年度，如果按照目前昆山嚴格執行的24號文，台商將會產生巨額滯納金，台商不得不防。

假設某台商於2015年3月1日做出利潤分配的董事會決議，要分配之前年度的未分配利潤人民幣為3,000萬元，結果該台商到了2015年12月10日才向稅務局申報扣繳300萬人民幣的稅款（3,000萬×10％），那麼按照24號文規定，該台商將被計徵滯納金人民幣41.7萬元（300萬×0.05％×278天）。所以，0.05％的滯納金比例看起來很低，但因為單位是按「日」計徵，所累計出的滯納金金額將非常可觀。

由此可知，台商今年必須慎重規劃利潤分配的時間，特別是在股東會或董事會要做出利潤分配決議前，先確認何時要真正執行利潤匯出的資金流，決議分配利潤和向稅務局納稅的時間不要超過七天，才能避免造成無謂的稅收損失。

【84】利用研發費用抵扣新規節稅

2016年1月1日起「高新技術企業」認定，取消了科研人員必須具備「大學專科」學歷的要求，同時科研人員占企業內部員工比例門檻，也從30％下降到10％。

雖然如此，實務中就算是科研人員要占全部員工10％，也還是存在困難，導致企業在員工分類上動手腳，把明明不是科研人員的員工硬是編到科研部門內，造成很多台商都是先取得「高新技術企業」認定，享受了15％的企業所得稅稅率，隔幾年後在稅務局抽查或「高新技術企業」覆查時，因被查出當時申請的資料不真實而被撤銷資格，不但得補繳25％到15％的企業所得稅，往往還得繳納巨額的滯納金。

比較起來，也是在2016年1月1日起正式實施，針對「研發費用加計抵扣」的國稅總局2015年97號公告，讓台商在符合規定下的研發費用可以加計抵扣50％，就具有較強的可操作性；一來享受「研發費用加計抵扣」的條件，和企業內部科研人員須占全部員工的比例脫勾，即使是勞力密集型企業也可大方爭取「研發費用加計抵扣」；其次，除了菸草製造業、住宿和餐飲業、批發和零售業、房地產業、租賃和商務服務業、娛樂業六大行業不可申請「研發費用加計抵扣」外，即使是不具高科技色彩的傳統製造業，只要手續齊備，也可透過「研發費用加計抵扣」進行合法節稅。

新版「研發費用加計抵扣」除了沿續過去加計抵扣50％的傳統外，還有幾項重點值得台商注意：

1. 立項

台商在申請「研發費用加計抵扣」時，出現最多問題的地方，是企業沒有向當地科技局或科委進行「研發費用加計抵扣」的「立項」動作。所謂「立項」，就是在研發費用發生前，企業就必須以書面資料送至當地科技主管機關審批，通過後轉交稅務部門備案，立項資料上最好寫清楚科研項目的來龍去脈，哪些員工參與該研發項目，而且不管成功或失敗，都必須保留完整紀錄，而且得有董事會或公司高層會議通過該研發項目的書面會議紀錄。

2. 新舊規定差異

今年起執行的「研發費用加計抵扣」新規定，和舊規定比起來，首先是允許企業把外聘研發人員的勞務費用包含在可抵扣範圍內，表示企業之後可大量聘用外部專家協助進行科研工作；其次是放寬科研設備的折舊費用認列標準，只要是用於企業研發活動的儀器、設備等折舊費，加速折舊部分也可進行加計扣除。

最後就是在「其他費用」的加計抵扣部分，過去定義並不明確，但這次不但對費用名稱進行清楚定義，如技術圖書資料費、資料翻譯費、專家諮詢費、高新科技研發保險費，研發成果的檢索、分析、評議、論證、鑑定、評審、評估、驗收費用，智慧財產權的申請費、註冊費、代理費，差旅費、會議費等之外，最重要的是，新規要求這些費用總額，不得超過可加計扣除研發費用總額的10％，也就是說，「研發費用加計抵扣」的「其他費用」內容是放寬了，但費用總額被鎖定在不得超過加計抵扣總金額的10％範圍內。

【85】金融同業往來業務免徵增值稅的規定

從2016年3月中國大陸官方公布涉及中國大陸金融業「營改增」的36號文《關於全面推開營業稅改徵增值稅試點的通知》，和7月公布70號文《關於金融機構同業往來等增值稅政策的補充通知》後，中國大陸金融同業往來利息收入，明確從營業稅改為增值稅。

一、營業稅免稅範圍

過去營業稅時代，中國大陸金融同業往來的利息收入免徵營業稅，銀行的同業存款、同業借款等利息收入均無須繳納營業稅，包括透過同業拆借市場進行的交易，以及「線下」同業資金往來，交易對象包括銀行、金融租賃公司等具有金融業牌照的企業。但其中境內分行與境外總行間的資金往來，是否屬於免稅的同業往來定義，並無明確規定，只是各地稅務機關的實務作業中未徵收營業稅。

二、36號文收緊的免稅範圍

36號文公布後，除以下五項範圍外，免稅的金融同業往來業務範圍大幅收窄，分別是：1. 存款利息收入不徵增值稅；2. 人民銀行對一般金融機構貸款、人民銀行對商業銀行再貼現業務免徵增值稅；3. 銀行聯行往來免徵增值稅；4. 金融機構之間開展的轉貼現業務免徵增值稅；5. 金融機構之間的「線上」一年期以內同業拆借免徵增值稅。

根據以上規定，金融機構間同業借款的免稅範圍大幅收窄，營業稅中沒有明確說明境內分行與境外總行間的往來是否屬於免稅的聯行往來，同時36號文中對這問題也未給予明確答案，這也是為何36號文公布三個多月後，又有70號文補充文件出現的原因。

三、70號文放寬免稅範圍

在銀行業第一次申報增值稅前，國稅總局發布了70號文做為補充文件，對免徵增值稅的金融同業往來業務範圍，予以明確定義，將同業存款、同業借款、同業代付、買斷式買入返售金融商品、持有金融債券、同業存單等均納入免稅範圍，並明文規定境內銀行與境外總機構之間的資金往來屬於聯行往來，免徵增值稅。

根據70號文規定，免徵增值稅的業務範圍與原來免徵營業稅的業務範圍基本一致，但仍然存在以下細微差別：1. 免稅的同業存款，強調接受存款方須為具有「吸收存款」資格的金融機構；2. 免稅的同業借款，要求借款人的營業執照中須具有「向金融機構借款」的經營範圍。

最後值得注意的是，70號文與36號文相比，將「同業存款」取得的利息收入定義為免稅業務，而不是36號文中不徵稅的「存款利息」，主要區別在於免稅業務需要向稅務機關報備，並且對應的增值稅進項須做轉出處理，不得抵扣銷項；至於不徵稅收入則無須報備，也不用做進項轉出處理。

　　70號文向前追溯到5月1日起實施，因此，銀行已經就線下同業往來利息收入計提增值稅銷項，可在第一次增值稅申報前的申報表中做出調整，這對於線下同業往來比較大的分行，增值稅的稅賦將會有較大幅度的下降。

【86】年終獎金個人所得稅的異常區間

中國大陸個人所得稅的計算，分為月薪和年終獎金兩部分，其中年終獎金做為單獨一個月份獨立申報，與1到12月的月薪申報分開來，而不是併入到發放年終獎金的當月所得一起申報。

月薪資和年終獎金的個人所得稅，都按下表所列稅率和速算扣除數計算：

級數	含稅級距	稅率（%）	速算扣除數
1	不超過1,500元	3	0
2	超過1,500元至4,500元的部分	10	105
3	超過4,500元至9,000元的部分	20	555
4	超過9,000元至35,000元的部分	25	1,005
5	超過35,000元至55,000元的部分	30	2,755
6	超過55,000元至80,000元的部分	35	5,505
7	超過80,000元的部分	45	13,505

年終獎金單獨做為一個月薪資納稅是一項優惠政策，每位員工每年只能申報一次年終獎金。如果年終獎金分多次發放，只有一次能按「年終獎金」項目申報個人所得稅，其他幾次發放要與當月薪資合併，併入當月薪資收入申報個人所得稅。所以年終獎金與月薪資的發放必須提早規劃，在個人總收入一定的前提下，

合理分配月薪資和年終獎金。在規劃年終獎金時需要注意，存在一些異常區間，在這些異常區間裡，年終獎金發得多，但員工實際可支配的收入反而減少，異常區間如下：

年金A	月均應納所得額B	稅率	速算扣除數	A的異常區間
A≦18,000	B≦1,500	3%	-	
18,000<A≦54,000	1,500<B≦4,500	10%	105	18,001~19,283.33
54,000<A≦108,000	4,500<B≦9,000	20%	555	54,001~60,187.5
108,000<A≦420,000	9,000<B≦35,000	25%	1,005	108,001~114,600
420,000<A≦660,000	35,000<B≦55,000	30%	2,755	420,001~447,500
660,000<A≦960,000	55,000<B≦80,000	35%	5,505	660,001~706,538.46
960,000<A	80,000<B	45%	13,505	960,001~1,120,000

　　舉例計算如下：

項目	公式	測算1	測算2	測算3	測算4
年終獎金	(1)	960,000	960,001	1,120,000	1,120,001
月均收入	(2)=(1)/12	80,000	80,000.08	93,333.33	93,333.42
適用稅率	(3)	35%	45%	45%	45%

項目	公式	測算1	測算2	測算3	測算4
速算扣除數	(4)	5,505	13,505	13,505	13,505
應交個人所得稅	(5)＝(1)×(3)－(4)	330,495	418,495.45	490,495.00	490,495.45
員工可支配收入額	(6)＝(1)－(5)	629,505	541,505.55	629,505.00	629,505.55

從上表可以看出，年終獎金為960,001元時，繳納的所得稅比960,000元多出418,495.45－330,495.00＝88,000.45元，員工實際可支配收入少629,505.00－541,505.55＝87,999.45元。實際上，當年終獎金落入960,001～1,120,00元這個區間，都會出現年終獎金發得越多、員工實際收入越少的情況。而年終獎金960,000元，和年終獎金1,120,001元，員工實際可支配的收入是一樣的。這就是年終獎金個人所得稅的異常區間。

所以在規劃員工薪資時，建議從年薪總額出發，合理規劃月薪資與年終獎金的分配，避免年終獎金落入以上異常區間。

【87】員工薪資及福利費稅前列支政策

員工薪資可以全額在企業所得稅前列支,而員工福利費則有列支限額,即不超過當年員工薪資總額的14%。所以須正確區分員工薪資和福利費,避免多繳稅。

一、薪資總額

根據個人所得稅法,薪資是指個人因任職或受雇而取得的工資、薪金、獎金、年終加薪、勞動分紅、津貼、補貼以及與任職有關的其他所得。企業所得稅稅前可列支的薪資,與個人所得稅所指薪資是一致的。發放薪資的人員範圍則包括與公司簽訂勞動合同的員工,以及透過勞務公司派遣的員工。勞務派遣工的薪資必須是直接發給員工個人,透過勞務公司發放的薪資不能計入薪資總額。薪資總額不包括企業負擔的福利費、職工教育經費、工會經費、社保和住房公積金、解除勞動合同時支付的補償金、離退休人員的各項支出。

二、福利費

企業所得稅稅前可列支的福利費包括以下部分:

1. 公司福利部門發生的設備、設施和人員費用,包括設備折舊、設施維護費、福利部門工作人員的薪資、社保、住房公積金、勞務費等。福利部門包括職工餐廳、職工浴室、理髮室、醫務所、托兒所、療養院等。

2. 為職工衛生保健、生活、住房、交通等發放的各項補貼和

非貨幣性福利，比如職工餐廳補貼、交通補貼、供暖補貼、防暑降溫費等。

根據個人所得稅的規定，現金形式定額發放的住房補貼、沒有統一供餐而發放的定額餐補等，應做為津貼併入當月薪資，按薪資所得稅繳納個人所得稅。這部分支出應計入薪資總額，而非福利費。

3. 其他福利費，如喪葬補助、撫恤費、安家費、探親費等。

三、薪資與福利費易混淆的項目

計入薪資總額的工資、獎金、津貼，必須依法代扣代繳個人所得稅。有些獎金、津貼、補貼免徵個人所得稅，則須計入福利費，比如以下項目：

1. 按照國務院規定發放的政府特殊津貼、院士津貼、資深院士津貼，以及國務院規定免納個人所得稅的其他補貼、津貼，應計入福利費。

2. 個人因公務用車和通訊制度改革而取得的交通補貼、通訊補貼，不超過當地規定的公務費標準時，不需繳納個人所得稅，超出部分則併入當月薪資所得。所以公務標準內不需繳納個人所得稅的部分，應計入福利費；超出公務標準，繳納了個人所得稅的部分，可以計入薪資總額。

公務標準由省級地方稅務局制定，各地標準不同。

3. 外籍個人以非現金形式或實報實銷形式取得的住房補貼、伙食補貼、洗衣費、到中國大陸任職或離職產生的搬遷費，免徵個人所得稅，不計入薪資總額，應計入福利費；如果以現金形式

直接發給外籍員工時,須併入當月薪資繳納個人所得稅,可以計入薪資總額。

4. 外籍個人取得的探親費,可免徵個人所得稅,但每年只有兩次免稅的探親費,超出部分必須計入薪資所得,繳納個人所得稅。免稅的探親費必須計入福利費,繳納個人所得稅的探親費可以計入薪資總額。

5. 外籍個人取得的語言培訓費、子女教育費補貼,免徵個人所得稅,不計入薪資總額,應計入福利費。

另外,員工出差時公司發放的差旅費,不屬於工資薪金性質,也不屬於福利費,無須繳納個人所得稅,直接計入差旅費即可;因公外出發生的誤餐補助,也比照差旅辦理。

【88】水電能源等支出所得稅前列支的問題

企業租賃場地經營，如果未至自來水公司、電力公司等市政單位變更使用單位名稱，則無法取得本公司抬頭的水電煤天然氣發票，造成企業所得稅稅前列支的困擾。但市政單位變更使用住戶信息必須提交的資料繁瑣，且有些部門必須產權轉移才能變更。如何將這些水電煤氣等費用正常合理地在企業所得稅前列支，分析如下。

一、透過物業公司承租或管理

（一）營改增前國稅總局發文規定

1. 物業管理企業代有關部門收取的水費、電費、燃（煤）氣費、維修基金、房租，不計徵營業稅，對其從事此項代理業務取得的手續費收入應當徵收營業稅（國稅發〔1998〕217號）。

2. 從事物業管理的單位，以與物業管理有關的全部收入減去代業主支付的水、電、燃氣以及代承租者支付的水、電、燃氣、房屋租金的價款後的餘額，為營業額（財稅〔2003〕16號）。

（二）營改增後的類似規定

提供物業管理服務的納稅人，向服務接受方收取的自來水水費，以扣除其對外支付的自來水水費後的餘額為銷售額，按照簡易計稅方法依3%的徵收率計算繳納增值稅（國家稅務總局公告2016年第54號）。

（三）物業公司如何開發票

1. 物業公司如何開發票給使用單位，各地對此規定不一。例

如，河北國稅規定，物業公司為水電轉售方，其為增值稅納稅人者，應該向各使用單位開具增值稅發票；其為營業稅納稅人者，物業公司應製做水電費原始分割單給各使用單位，使用單位據以入帳。江蘇地稅規定，使用單位憑物業公司出具的水電費使用紀錄證明、水電部門開具的水電發票影本、付款單據等，做為稅前扣除憑證。山東國、地稅一起發文規定，物業公司應向業主開具地稅監製發票。廣東地稅和廣州地稅均規定，物業公司應開具發票或在發票上註明代收款項的內容和金額。

2. 更多的地方對於物業公司代收取的水電費如何開具發票和使用單位如何稅前列支，沒有明確規定。從業務實質看，水電供應單位將發票開給物業公司，並向物業公司收款，物業公司再向使用單位收款，物業公司的行為構成了轉售，即便其經營範圍中沒有銷售水電的內容，也應該開具銷售水電的增值稅發票。這樣的處理有案例可依循。

《國家稅務總局關於四川省機場集團有限公司向駐場單位轉供水電氣徵稅問題的批覆》（國稅函〔2009〕537號）載明：「四川省機場集團有限公司向駐場單位轉供自來水、電、天然氣屬於銷售貨物行為，其同時收取的轉供能源服務費屬於價外費用，應一併徵收增值稅，不徵收營業稅。」

3. 當地對於物業公司代收費開票沒有規定，物業公司也不開具增值稅發票者，使用單位憑「原始憑證分割單」（符合《會計基礎工作規範》〔財會字（1996）19號〕第五十二條的規定），也可以做為入帳依據。河北、江蘇等地的國、地稅也是這樣執行。

二、自行承租

1. 向單位承租，單位可參考物業公司的有關規定，向承租單位開具發票，或出具原始憑證分割單。

2. 向個人承租，雖然無法取得承租單位抬頭的發票，但可以根據《中華人民共和國企業所得稅法實施條例》（國務院令第512號）第二十七條規定，企業必要和正常的支出，憑業主發票原件、租賃合同，在所得稅前列支。

但由於各地稅務機關操作不同，抬頭不是承租公司單位名稱，僅憑原始憑證分割單，在稅前扣除時由於無法分辨是否為企業的經營行為所發生的費用，可能存在被認定為與收入無關的支出而不能稅前扣除的風險，所以最終能否稅前列支需要諮詢當地主管稅務機關。

【89】分行利潤匯回總行涉及的所得稅

　　台資銀行中國大陸分行在中國大陸經營所得須繳納25%企業所得稅，利潤匯回台灣總行，是否須繳納10%所得稅，各地認定不同，實務上存在差異。

　　在中國大陸繳納所得稅的企業有兩大類：居民企業和非居民企業。其中非居民企業又分為兩種：

　　1. 在中國大陸設有機構、場所。

　　2. 在中國大陸沒有設立機構、場所。

　　前者按企業所得稅法第三條第二款規定，企業所得稅稅率為25%，與居民企業相同；後者按企業所得稅法第三條第三款規定，企業所得稅稅率為10%。這裡的機構、場所，包括管理機構、營業機構、辦事機構、提供勞務的場地等。台資銀行中國大陸分行為台灣的銀行在中國大陸設立的營業機構，符合企業所得稅法及實施條例中關於在中國大陸設有機構、場所的非居民企業納稅人的定義，所以在中國大陸經營取得所得，應按25%的稅率繳納企業所得稅。分行將經營所得利潤匯回總行時，因已經按非居民企業身分繳納25%的企業所得稅，所以無須再次以非居民企業身分繳納10%企業所得稅，否則就同一收入分別繳納了兩次企業所得稅，明顯不合理。這一點與居民企業利潤匯出的情況不同，居民企業在境內繳納25%所得稅，納稅主體是境內的這家企業，利潤匯出時繳納10%所得稅，納稅主體是境外的母公司，母子公司是兩個不同的納稅主體。

實務中，各地稅務機關將外國銀行中國大陸分行認定為居民企業還是非居民企業存在分歧，故會出現同一家台資銀行設立在不同地區的分行，有的被認定為非居民企業，有的被認定為居民企業。目前所有被認定為居民企業的分行，在利潤匯回總行時，均被稅務機關要求為總行代扣代繳10%的企業所得稅，而認定為非居民企業的分行，則利潤匯出無須扣稅。

從總行合併利潤的角度看，分行一旦被認定為居民企業，整體稅負將高達32.5%，而分行被認定為非居民企業時，整體稅負為25%。

假設台資銀行中國大陸分行的利潤總額是100元，繳納企業所得稅25元。如果分行被認定為非居民企業，匯出稅後利潤75元時，無須再次扣稅。總行在計算營利事業所得稅時，須合併中國大陸分行100元利潤總額，並按照台灣盈利事業所得稅17%計算應交稅金，因中國大陸分行已在中國大陸繳納25%的企業所得稅可以抵減（最高限額抵減17%），故中國大陸分行的利潤匯回台灣，在台灣無須額外補稅，來源中國大陸分行的利潤，最終實際所得稅負是25%。但如果分行被認定為居民納稅人，匯出75元利潤時還須為總行代扣代繳7.5元的企業所得稅，故100元利潤總額，在中國大陸共繳納32.5元的企業所得稅，實際匯回總行利潤67.5元，這部分利潤匯回台灣無須補稅，理由同上。所以來源中國大陸分行的利潤最終實際稅負為32.5%，稅負率明顯增加。

企業所得稅法第二條第二款居民企業的定義：「本法所稱居民企業，是指依法在中國境內成立，或者依照外國（地區）法

律成立但實際管理機構在中國境內的企業。」外國企業按中國大陸法律在中國大陸設立的經營性分支機構,是否符合居民企業的定義,確實比較模糊,造成納稅人的困擾,在稅法進一步明確之前,只能盡量與當地稅務機關溝通,爭取被認定為非居民企業。

【90】如何計算向境外支付費用時 必須代扣代繳的稅費

中國大陸企業向境外支付借款利息、權利金、佣金、市場調研費、員工培訓費、廣告費、設計費等，必須區分不同情況代扣代繳所得稅和流轉稅。

一、什麼情況必須代扣代繳所得稅

所得稅分為企業所得稅和個人所得稅，如果取得收入方為境外企業，則涉及10%的企業所得稅，如取得收入方為境外個人，則涉及20%的個人所得稅。

借款資金、專利商標等在境內使用，相應借款利息、權利金收入等屬於來源於中國大陸所得，必須代扣代繳所得稅。

佣金、培訓費、設計費等勞務性收入，根據勞務發生地原則，確認是否來源於中國大陸；如有同時在境內外提供服務情形，須根據工作量、工作時間、成本費用等因素，合理劃分收入來源地；境外機構或個人必須提供真實有效的證明來劃分境內外收入，否則稅務機關可視同其提供的服務全部在境內完成，全額徵收所得稅（依國稅發〔2010〕19號）。

二、什麼情況必須代扣代繳流轉稅

隨著中國大陸營改增的全面推廣，增值稅為現行流轉稅種。境外機構或個人在境內銷售服務、無形資產、不動產，均必須繳納增值稅。「在境內」是指銷售方或購買方在境內，或者所銷售

或租賃的不動產在境內，或者銷售的自然資源使用權的自然資源在境內。按照上述定義，境內向境外支付費用時，除下列情況外，均應代扣代繳增值稅及附加：

1. 境外單位或個人向境內單位或個人提供，完全在境外發生的服務，或者完全在境外使用的無形資產，或者完全在境外使用的有形動產，不屬於在境內。

2. 向台灣航運公司、航空公司支付的海峽兩岸海上直航、空中直航運費，免徵增值稅。

3. 向境外支付的直接或間接國際貨物運輸代埋費，免徵增值稅。

4. 向境外支付的技術轉讓、技術開發以及與之相關的技術咨詢、技術服務費，免徵增值稅，但支付企業須向所屬稅務機關備案（依財稅〔2016〕36號）。

根據以上規定，利息收入、權利金收入屬於勞務發生在境內，必須代扣代繳增值稅及附加；佣金、培訓費、設計費等勞務如果完全發生在境外，無須繳納增值稅。

營改增之前，提供或接受勞務的單位或個人在境內者，須繳納營業稅，與上文「銷售方或購買方在境內」的規定一致，但沒有排除「完全在境外發生的服務」。所以實務中向境外支付費用，均被要求代扣代繳營業稅及附加。營改增之後，部分地區稅務機關認為營改增不應改變企業代扣代繳流轉稅的義務，只不過從營業稅改為增值稅而已，所以遇到服務完全發生在境外的情況，也被要求代扣代繳增值稅及附加。

三、如何計算必須代扣代繳的所得稅和增值稅

代扣代繳的增值稅＝購買方支付的價款÷（1+增值稅稅率）×增值稅稅率，增值稅稅率為6%（財稅〔2016〕36號）。

代扣代繳的所得稅＝購買方支付的價款÷（1+增值稅稅率）×所得稅稅率，增值稅稅率為6%，所得稅率為10%（企業所得稅）或20%（個人所得稅）（依財稅〔2008〕130號及企業所得稅法第十九條）。

舉例計算如下：

1. 假設某公司須向境外母公司支付100萬元權利金，增值稅附加（教育費附加及城建稅等附加費）假設合計12%，則代扣代繳稅金如下：

代扣代繳的增值稅＝100萬元÷（1+6%）×6%＝5.66萬元

代扣代繳增值稅附加＝5.66萬元×12%＝0.68萬元

代扣代繳的所得稅＝100萬元÷（1+6%）×10%＝9.43萬元

代扣代繳稅費合計＝5.66萬元＋0.68萬元＋9.43萬元

＝15.77萬元

實際匯出給境外母公司金額＝100萬元－15.77萬元

＝84.23萬元

2. 假設某公司須向境外母公司支付100萬元權利金，稅費由境內公司承擔，增值稅附加合計12%，則須倒算出含稅收入，代扣代繳稅金如下：

含增值稅的支付價款＝100萬元×（1+6%）÷（1×（1+6%）－6%×（1+12%）－10%）＝118.73萬元

代扣代繳增值稅＝118.73萬元÷（1+6%）×6%＝6.72萬元

代扣代繳增值税附加＝6.72萬元×12%＝0.81萬元

代扣代繳所得税＝118.73萬元÷（1＋6%）×10%＝11.20萬元

代扣代繳税費合計＝6.72萬元+0.81萬元+11.20萬元

　　　　　　　　＝18.73萬元

【91】處置抵債資產的稅收問題

銀行取得抵債資產，不同的資產處置時涉及的稅收不一樣。

一、處置不動產

做為賣家，處置不動產涉及到增值稅、土地增值稅、印花稅和所得稅。

1. 增值稅

增值稅的有關規定請詳見下一章（第92章）的分析。

2. 土地增值稅

土地增值稅按以下公式計算：

土地增值稅＝增值額×適用稅率－扣除項目合計×速算扣除係數

其中，

增值額＝（轉讓不動產的收入－扣除項目）÷（1+5%）×5%

根據《關於營改增後契稅、房產稅、土地增值稅、個人所得稅計稅依據的通知》（財稅〔2016〕43號）的規定，這裡轉讓不動產的收入是指不含增值稅的收入，扣除項目包括買入價、買入時繳納的契稅印花稅、購入時房地產交易費用、按購房發票金額加計扣除額（扣除額每年增加發票金額的5%，比如購入價格100萬元，持有房產3年，則加計扣除額為100萬元×5%×3，即15萬元）。適用稅率和速算扣除係數見下表所示。

級數	計税依據	適用税率	速算扣除率
1	增值額未超過扣除項目金額50%的部分	30%	0
2	增值額超過扣除項目金額50%、未超過扣除項目金額100%的部分	40%	5%
3	增值額超過扣除項目金額100%、未超過扣除項目金額200%的部分	50%	15%
4	增值額超過扣除項目金額200%的部分	60%	35%

3. 印花税

出售不動產須按「財產轉移書據」條目繳納0.05%印花税，計算公式如下：

印花税＝賣出價×0.05%

4. 所得税

出售不動產所取得的收益，須併入當年度所得，一併繳納企業所得税。

二、處置有形動產

處置有形動產涉及到增值税、印花税和所得税。大多數情況下銷售貨物適用17%增值税税率，即應繳納的增值税＝不含税銷售額×17%。印花税按購銷合同繳納，為合同購銷金額的0.03%。處置有形動產淨收益併入當年度所得，一併繳納企業所得税。

關於印花税是按合同含税總金額計算還是不含税總金額計算，印花税相關條例中並無明確規定，一般沒有特別指明的，就

是按含稅總金額計算。有些地方，比如湖北，根據合同的不同簽訂方法確定印花稅交稅基數：

1. 如果合同中的購銷金額不含增值稅，以不含稅金額為基數。

2. 購銷合同中不含稅金額和增值稅分別記載者，以不含稅金額為基數。

3. 購銷合同中購銷金額包含增值稅，並且沒有分別記載者，以含稅金額為基數。

三、處置無形資產

處置土地使用權按照處置不動產的規定執行，處置其他無形資產的情況比較少見，此處不予分析。

四、處置應收債權

處置應收債權在財務上屬於處置金融資產，但增值稅法規中並未將出售應收債權列入應繳增值稅的金融資產轉讓行為，所以無須繳納增值稅。印花稅列表中也沒有應收債權轉讓的合同類別，所以也無須繳納印花稅。所得稅法規中，處置應收債權屬於債務重組，產生的重組收益或損失須計入當期利潤，一併繳納企業所得稅。

五、處置股權

如果處置的是上市公司股票，屬於處置有價證券，必須按照「金融商品轉讓」繳納增值稅，稅率為6%，與轉讓外匯、債券

等其他金融商品的損益合併後，如果為收益，當期須按合併收益
繳納增值稅，如果為虧損，當期無須繳納增值稅，且虧損額可以
結轉到下一納稅期，但是不得結轉到下一年度。印花稅按0.1%繳
納，為證券市場的特殊規定。處置股票所得併入當期利潤，一併
繳納企業所得稅。

　　如果處置的是非上市公司股權，不屬於增值稅徵稅範圍，無
須繳納增值稅。印花稅按「財產轉移書據」繳納，稅率為萬分之
五。

【92】銀行出售不動產增值稅處理

銀行出售購入的不動產，增值稅的處理方式與取得不動產的時間有關。營改增後，轉讓不動產適用的增值稅稅率為11%，如果銷售2016年4月30日前取得的不動產，可以選擇按簡易計稅法，以取得的全部價款和價外費用減去該項不動產購置原價或取得不動產時的作價後的餘額為銷售額，按5%的稅率差額繳納增值稅。

銀行做為一般納稅人，出售不動產計稅方法適用情況如下：

取得不動產時間	簡易計稅法	一般計稅法
2016年4月30日前	可選擇	適用
2016年5月1日後	不適用	適用

兩種計稅方法下，出售不動產增值稅比較如下表：

項目		簡易計稅法	一般計稅法
稅率		5%	11%
應繳納的增值稅額	非自建不動產	（賣價－買價）÷（1+5%）×5%	賣價÷（1+11%）×11%
	自建不動產	賣價÷（1+5%）×5%	賣價÷（1+11%）×11%

項目		簡易計稅法	一般計稅法
預繳稅款	非自建不動產	按應繳納的增值稅額向不動產所在地主管地稅機關預繳。	（賣價－買價）÷（1+5%）×5%按以上計算方法向不動產所在地主管地稅機關預繳。
	自建不動產		賣價÷（1+5%）×5%按以上計算方法向不動產所在地主管地稅機關預繳。
申報稅款		按應繳納的增值稅額向銀行所在地主管國稅機關申報。	

上述表格內容，還須關注以下事項：

1. 賣價：取得的全部價款和價外費用，為含稅金額。

2. 買價：購置不動產的原值或者取得不動產時的作價，為含稅金額，需要合法有效憑據才能扣除。

3. 不動產原值或作價可以合法扣除的憑證包括：

（1）稅務部門監製的發票，包括營改增前的營業稅發票和營改增後的增值稅發票。

（2）法院判決書、裁定書、調解書，以及仲裁裁決書、公證債權文書。

（3）中國大陸國家稅務總局規定的其他憑證。

4. 為了營改增平穩過渡，預繳稅款在不動產所在地的地稅機關處理，跟繳納營業稅相比，由於價外稅和價內稅的區別，地稅機關實際徵繳的增值稅（實際稅負約4.76%）比營業稅略低；申

報增值稅在銀行所在地的國稅機關處理。

　　5. 銀行出售不動產時，如果帳面還有未抵扣的進項稅額，可以在出售當期全額抵扣。出售不動產時，向不動產所在地的地稅機關預繳的增值稅，銀行可以憑完稅憑證，在當期應繳納的增值稅中抵減，當期抵減不完的話，可以結轉下期繼續抵減。

　　舉例說明如下：

項目	情形一	情形二
購入時間	2016年3月1日（營改增前）	2016年5月10日（營改增後）
購入原價	500萬元	500萬元
前手購入價	300萬元	300萬元
購入時取得進項稅額	不適用	（500－300）÷（1+5%）×5%=9.52萬元（上家選擇簡易計稅法）
出售日期	2017年3月1日	2017年3月1日
出售價格	600萬元	600萬元
適用稅率	5%（選擇簡易計稅法）	11%
應繳納增值稅	（600－500）÷（1+5%）×5%=4.76萬元	600÷（1+11%）×11%=59.46萬元

項目	情形一	情形二
向主管地稅機關繳納的稅款	4.76萬元	4.76萬元
向主管國稅機關申報增值稅金額	4.76萬元	59.46萬元
向主管國稅機關繳納增值稅金額	0	59.46－4.76＝54.70萬元
扣除進項後，買賣房產繳納的增值稅額	4.76－0＝4.76萬元	59.46－9.52＝49.94萬元

【93】銀行租入不動產的稅務問題

　　銀行租入不動產，做營業館舍用，租金進項稅可以抵扣；做員工宿舍用，屬於員工福利，租金進項稅額不允許抵扣。

一、出租人徵稅方式的選擇

出租人納稅身分	徵稅方式	2016.4.30前取得	2016.5.1後取得
一般納稅人	簡易計稅方法	可選擇	不適用
	一般計稅方法	適用	適用
小規模納稅人	簡易計稅方法	適用	適用

二、出租人為一般納稅人，不同計稅方法下，租金增值稅比較

比較項目	簡易計稅方法	一般計稅方法
增值稅稅率	5%	11%
應繳納的增值稅	租金÷（1+5%）×5%	租金÷（1+11%）×11%

預繳	不動產所在地與出租人所在地不在同一縣（市、區），向不動產所在地主管國稅機關，按應繳納的增值稅金額預繳；不動產所在地與出租人所在地在同一縣（市、區），無須預繳。	不動產所在地與出租人所在地不在同一縣（市、區），向不動產所在地主管國稅機關預繳，預繳金額為租金÷（1+11%）×3%；不動產所在地與出租人所在地在同一縣（市、區），無須預繳。	
申報	向出租人所在地主管國稅機關申報納稅。		

　　一般納稅人不論出租工業、商業還是住宅，租金收入的增值稅計算方法一樣。

三、小規模納稅人出租不動產的增值稅

比較項目		企業	個體工商戶	個人
稅率		5%		
應繳納的增值稅	工業、商業	租金÷（1+5%）×5%	租金÷（1+5%）×5%	
	住宅		租金÷（1+5%）×1.5%	
預繳稅款		不動產所在地與出租人所在地不在同一縣（市、區）的，出租人應向不動產所在地主管國稅機關預繳稅款，預繳金額為應繳納的增值稅；不動產所在地與機構所在地在同一縣（市、區）的，無須預繳稅款。		不適用

申報納稅	向出租人所在地主管國稅機關申報繳納。	向不動產所在地主管地稅機關申報納稅。

　　銀行向小規模納稅人租入不動產，可以要求其到主管稅務機關代開增值稅發票，其中，單位和個體工商戶到不動產主管國稅機關代開，個人可以到不動產主管地稅機關代開。

　　以下舉例說明銀行向不同出租人租入營業館舍進項稅額的差異：

出租人身分	一般納稅人		小規模納稅人
出租人取得不動產時間	2016年3月（營改增前）	2016年5月（營改增後）	2016年5月（營改增之前、之後取得無差異，這裡以營改增之後取得為例）
2016年8月租金	10萬元	10萬元	10萬元
租金進項稅額	10÷（1+5％）×5％＝0.48萬元	10÷（1+11％）×11％＝0.99萬元	10÷（1+5％）×5％＝0.48萬元

　　同樣的房產，向不同的出租人承租，取得的進項稅額差異可達一倍，計入損益表的實際成本也不一致，所以銀行在簽署租約時，還必須測算租金的實際成本，進行綜合評估。

　　另外，還必須注意的是，如銀行有免稅收入，則取得的房租進項稅額無法全額抵扣，必須根據銀行的應稅收入、免稅收入占比進行分攤。

【94】非增值稅應稅收入

全面實施營改增後，企業的收入基本上都須繳納增值稅，但並非所有的收入都與增值稅有關。常見的不徵增值稅的收入，主要有如下幾種。

一、政府補貼

政府補貼的範圍非常廣泛，比如職工教育費補貼、科研項目經費補貼、政府獎勵等。由於政府補貼不屬於企業的經營行為，收到政府補貼的款項，無須繳納增值稅。

二、罰款收入

根據企業內部管理條例，當員工違反規定，企業向其收取一定金額的罰款，不屬於經營行為，無須繳納增值稅。

但是如果企業與外部單位簽訂的合同，在合同執行過程中因對方原因向其收取的罰款，屬於該合同價外費用的範圍，同樣適用於經營行為，必須繳納增值稅，比如貸款合同下收取的罰息。

三、違約金收入

企業與外部單位簽訂合同，但合同未履行，違約一方根據合同向守約方支付違約金，無須繳納增值稅。比如承租方向出租方承租房屋，雙方簽定租賃合約，後因出租方原因不能交付房產，合約不能履行，出租方支付承租方的違約金，因為該合同尚未履行，也就不存在有經營行為，故承租方收到的這筆違約金不屬於

經營性收入，無須繳納增值稅。

這裡所稱違約金收入，與合同執行過程中收取的違約金不一樣。根據財稅〔2016〕36號文，價外費用屬於銷售額的一部分，應繳納增值稅；價外費用是指各種性質的收費。根據增值稅暫行條例實施細則和原營業稅暫行條例實施細則，價外費用包括向購買方收取的各種手續費、違約金、滯納金、延期付款利息、賠償金、罰息等。合同執行過程中發生的違約金屬於買賣業務的價外費用，應繳納增值稅。如果合同沒有執行，買賣行為不存在，也就不存在價外費用，因此收取的違約金無須繳納增值稅。但各地稅務機關在實務中把握的尺度不同，存在不區分兩種違約金的情況，都要求繳納增值稅。

四、代扣代繳稅金手續費收入

企業向員工發放薪資時代扣代繳個人所得稅、向境外股東支付股利時代扣代繳企業所得稅、向境外單位支付服務費時代扣代繳增值稅和企業所得稅等代扣繳行為，均可向稅務機關申請代扣代繳稅金2%的手續費。因代扣代繳行為並不屬於企業的經營行為，不應徵收營業稅。營改增後也不應徵收增值稅。

實務中，也存在部分稅務機關要求企業就這部分收入繳納流轉稅的情況。

五、存款利息收入

在營業稅和增值稅文件中都明確規定，存款利息不徵收營業

稅或增值稅。但是，銀行的同業存款不屬於不徵稅收入，而是免徵增值稅收入。

六、被保險人獲得的保險賠付

企業做為被保險人，獲得保險公司賠付的款項，不論賠付款是否超過實際損失，企業都不用繳營業稅，營改增細則文件中也明確不用繳增值稅。

七、現金長款

出納每日經手的現金難免會出現微小差異，比如現金報銷零頭未支付等，造成實盤現金與帳面餘額不一致情況，這些盤盈即為現金長款，會計處理上一般計入營業外收入，不徵增值稅。

【95】增值稅進項抵扣憑證

一般納稅人可以在規定範圍內抵扣增值稅進項，所有的抵扣必須有相關憑證。與增值稅相關的發票種類很多，不是所有的發票都可以做為抵扣憑證，同時抵扣憑證也不止是發票，還有其他形式的憑證。不同的採購途徑獲取的憑證也有所不同。主要有以下四大類憑證可用於進項抵扣。

一、專用發票

從銷售方取得的專用發票，包括增值稅專用發票、貨物運輸業增值稅專用發票和機動車銷售統一發票，可抵扣金額為票面註明的增值稅金額。

二、海關進口增值稅專用繳款書

如果是從境外採購商品，報關進口時，購買者必須向海關繳納進口增值稅，稅率為該項商品的適用稅率，一般為17%，海關會開具進口增值稅專用繳款書，購買者憑該專用繳款書，可以申請抵扣進項稅額，可抵扣金額為票面註明的增值稅金額。

三、農產品收購發票或銷售發票

根據增值稅暫行條例的規定，農業生產者銷售的自產農產品免徵增值稅，不能開具增值稅專用發票；而其他納稅人經營農產品業務則必須按適用稅率繳納增值稅。所以其他納稅人從農業生產者處採購農產品用於生產或銷售，將無法取得增值稅專用發

票。為解決抵扣鏈缺失的問題，稅法規定向農業生產者購買農產品時，可以憑農產品收購發票（收購企業自行開具的發票）或銷售發票（農業生產者開具的增值稅普通發票）抵扣進項，抵扣金額為：

進項稅額＝買價×13%

買價是指納稅人購進農產品時在農產品收購發票或銷售發票上註明的價款，以及按照規定繳納的菸葉稅。農業生產者銷售的免稅農產品所涵蓋範圍，須參照《農業產品徵稅範圍註釋》（財稅字〔1995〕52號）的規定。

四、稅收繳款憑證

境內納稅人接受境外單位或個人提供的應稅服務，在對外支付服務費時，必須按規定代扣代繳增值稅及附加，境內代扣代繳義務人可以憑稅務機關開具的增值稅繳款書，以及書面合同、付款證明和境外單位的對帳單或者發票，一起做為進項抵扣憑證，抵扣金額為票面註明的增值稅金額。

而取得的稅控設備增值稅專用發票、稅控技術維護費發票，雖然可以抵減應納增值稅　，但屬於稅款減徵憑證，不屬於抵扣憑證。

五、收費公路通行費發票

一般納稅人支付的道路、橋、閘通行費，可以憑取得的通行費發票上註明的收費金額，按一定公式計算可抵扣的進項稅額，計算公式如下：

1. 高速公路通行費可抵扣進項稅額

  = 高速公路通行費發票上註明的金額÷（1+3%）×3%

2. 一級公路、二級公路、橋、閘通行費可抵扣進項稅額

  = 一級公路、二級公路、橋、閘通行費發票上註明的金額
  ÷（1+5%）×5%

公路收費憑據有不同類別，票面有「發票」字樣的，可根據以上公式計算可抵扣的進項稅額，票面只有「收據」、「票據」等字樣而無「發票」字樣的，不得抵扣進項稅額。ETC收費則是通過取得增值稅專用發票，來抵扣進項稅額。

收費公路通行費發票抵進項稅的政策是過渡政策，與以上一至四項憑證不同，國稅總局會根據開具通行費發票的政策變動而修改進項抵扣政策，因此必須關注稅務局的後續文件。

【96】不得開具增值稅專用發票的情形

　　銷售方向購買方提供應稅服務或產品，必須向購買方開具發票，但開具增值稅專用發票有一定限制，不是所有業務都可以開具增值稅專用發票。

不得開具者

　　1. 商業企業一般納稅人零售的菸、酒、食品、服裝、鞋帽（不包括勞保專用部分）、化妝品等消費品，不得開具增值稅專用發票。銀行在超市、商場等零售商處購買的商品，一般情況下都是開具增值稅普通發票，特別要求下也可以開具增值稅專用發票，但如果購買的是此處列舉的消費品，則無法換取增值稅專用發票。這一規定與個人消費（包括交際應酬消費）、集體福利的購進貨物進項不得抵扣的要求一致。

　　2. 經營免稅業務取得的收入，不得開具增值稅專用發票。免稅和零稅率業務的相同點是，都不用繳納銷項稅，如果是開具增值稅普通發票，二者並無區別；如果是開具增值稅專用發票則有所不同，零稅率業務可以開具增值稅專用發票，銷項稅額為零，而免稅業務則不得開具專用發票。

　　3. 向個人銷售貨物或提供應稅勞務不得開具增值稅專用發票。向個人消費者銷售商品及提供服務，均不得開具增值稅專用發票，可以開具普通發票。

　　4. 經紀代理服務，以取得的全部價款和價外費用，扣除向委託方收取並代為支付的政府性基金或行政事業性收費後的餘額為

銷售額。向委託方收取的政府性基金或者行政事業性收費，不得開具增值稅專用發票。

5. 金融商品轉讓，不得開具增值稅專用發票。銀行的結售匯、債券買賣等金融商品轉讓業務，不得開具增值稅專用發票，但可以開具普通發票。

6. 一般納稅人會計核算不健全或不能夠提供準確稅務資料，或者應當辦理一般納稅人資格登記而未辦理，則不能使用增值稅專用發票，自然也無法開具專用發票了。

另外，雖然小規模納稅人只能開具增值稅普通發票，但如果購買方要求提供增值稅專用發票，小規模納稅人可以向主管稅務機關申請代開增值稅專用發票。

7. 一般納稅人銷售自己使用過的固定資產，適用按簡易辦法依3%徵收率減按2%徵收增值稅政策者，只能開具普通發票，不得開具增值稅專用發票。小規模納稅人銷售自己使用過的固定資產，也應開具普通發票，不得向稅務機關申請代開增值稅專用發票。

其他應注意事項

除以上不得開具增值稅專用發票的業務外，還須注意：

1. 不徵收增值稅的收入（詳見第94章），不得開具增值稅發票，包括專用發票和普通發票。比如企業或個人在銀行存款，銀行支付給儲戶的存款利息，對儲戶而言為不徵增值稅的收入，儲戶不得開具增值稅發票給銀行。銀行的這部分利息費用，憑利息計算單等內部文件做為所得稅前列支的憑證。

2. 銀行的同業存款利息收入屬於免稅業務，不得開具增值稅專用發票，但應開具普通發票。

3. 企業向銀行支付的借款利息，相關進項稅額不得抵扣，但並沒有禁止銀行開具增值稅專用發票給企業。實務中，建議銀行對收取的貸款利息收入直接開具增值稅普通發票。

【97】增值稅發票遺失的處理方法

增值稅發票的遺失，包括遺失自有留存的空白發票，和遺失取得的增值稅發票，各種情況的處理方式不一樣，專用發票和普通發票的處理也不盡相同。

一、遺失空白增值稅發票

遺失空白發票，納稅人必須向稅務機關書面報告，同時要登報聲明作廢。納稅人還必須向稅務機關辦理電子發票的退回手續，這裡的電子發票是指與丟失的紙本發票對應的電子發票。稅務機關會將丟失的空白增值稅專用發票標識為失控發票，任何單位將不能憑失控專用發票申請抵扣。須注意的是，丟失空白發票，可能被稅務機關處以 1 萬元以下的罰款，情況嚴重者，還可能停止納稅人購買增值稅發票，最長可停購半年。

二、遺失增值稅專用發票發票聯

增值稅專用發票至少有三聯：銷售方記帳聯、購買方的發票聯和抵扣聯。如果購買方遺失增值稅專用發票的發票聯，缺少帳務處理的記帳憑證，有抵扣聯，則不影響進項抵扣。此時，納稅人可以將抵扣聯做為記帳憑證，抵扣聯影本做為進項抵扣憑證留存備查。

三、遺失增值稅專用發票抵扣聯

遺失抵扣聯前尚未辦理進項認證者，購買方可以憑發票聯辦

理進項認證，然後將發票聯影本做為進項抵扣憑證留存備查，發票聯仍做為記帳憑證入帳。

四、遺失增值稅專用發票發票聯和抵扣聯

如果同時遺失增值稅專用發票的發票聯和抵扣聯，需要銷售方到主管稅務機關辦理《丟失增值稅專用發票已報稅證明單》或《丟失貨物運輸業增值稅專用發票已報稅證明單》（以下簡稱證明單），還須取得銷售方增值稅專用發票記帳聯的影本。遺失發票前未辦理進項認證者，可以憑銷售方記帳聯影本辦理認證。認證相符後，或遺失前已認證相符者，購買方經主管稅務機關審核同意後，憑銷售方記帳聯影本和證明單，做為增值稅進項稅額抵扣合法憑證抵扣進項稅。

上述處理沒有明確以哪些憑證做為入帳依據，實務中有部分國稅局同意企業以銷售方記帳聯影本和證明單做為所得稅扣除憑證。此時購買方雖然沒有發票，但有足夠證據證明交易實際發生，且有稅務機關的證明文件，在企業所得稅前扣除也是合理合法的。

以上情形二到情形四中，增值稅專用發票遺失前未認證者，都還有補救認證的措施，但仍然要符合發票開具後180天內認證的時間限制，所以出現發票遺失的情形，要盡早辦理進項認證的補救措施。

五、遺失增值稅普通發票

購買方遺失增值稅普通發票，缺少入帳依據，沒有所得稅

扣減憑證，國家稅務總局對此並無統一規定，各地稅務機關做法不一。所有稅務機關都不認可僅憑銷售方記帳聯影本做為入帳憑證；有些地方稅務機關透過發文、問答或宣傳資料形式，同意可以由銷售方到其主管稅務機關開具一份《丟失增值稅普通發票已報稅證明單》或類似丟失證明文件，連同銷售方發票記帳聯影本，做為購買方入帳憑證。

稅務機關並無開具丟失證明的義務，並且從A地開具的丟失證明文件，拿到B地稅務機關也許不被認可。所以，購買方如果丟失增值稅普通發票，首先要跟自己的主管稅務機關溝通，取得處理意見後，再與銷售方溝通，請其到主管稅務機關開具證明文件。出現遺失增值稅普通發票的情況時，許多購買方會要求銷售方重新開具發票。如果不符合作廢條件，銷售方不得重新開具發票。

六、遺失海關進口增值稅專用繳款書

遺失海關進口增值稅專用繳款書，購買方必須在報關地海關開具一份完稅證明，憑完稅證明在專用繳款書開具之日起180天內提出抵扣申請。主管稅務機關會將購買方提供的海關繳款書電子數據與納入稽核系統比對，稽核比對無誤後，方可允許購買方抵扣進項。

【98】如何作廢發票及開具紅字發票

增值稅應稅業務發生後，銷售方便向購買方開具增值稅發票。之後若由於發生銷售退回、開票有誤、服務終止或發票抵扣聯和發票聯均無法認證等各種原因，符合作廢條件者，可以作廢已開具的發票，再根據需要開具正確的發票；如果不符合作廢條件，或者發生銷售部分退回、銷售折讓，則銷售方必須向購買方開具紅字發票。

一、專用發票作廢

增值稅專用發票使用規定，一般納稅人在開具專用發票當月，發生銷貨退回、開票有誤等情形，收到退回的發票聯、抵扣聯符合作廢條件者，按作廢處理；開具時發現有誤者，可即時作廢。開具的發票作廢，必須滿足三個條件：

1. 從購買方收回發票的時間不超過銷售方開票當月。

2. 銷售方未報稅。

3. 增值稅專用發票購買方未認證，或認證結果為「納稅人識別號認證不符」、「專用發票代碼、號碼認證不符」。

上述中，「報稅」是指在增值稅申報期內向主管稅務機關報送開票數據電文，有徵期報稅，即申報期內報稅，也有非徵期報稅，即未到申報期而提前向主管稅務機關報送開票數據電文。在現在已經升級的稅控系統中，聯網開具的發票會即時上傳，實現了自動抄稅的功能，但還是要求銷售方在規定的申報期內報稅。銷售方如果按徵期報稅，也就是次月申報期內報稅，那麼本月開

具的發票符合條件可以作廢；如果銷售方非徵期報稅，也就是本月開票本月報稅，則報稅後就不能再作廢本月開具的發票。

符合以上作廢條件者，銷售方必須在稅控系統中將相應數據電文按「作廢」處理，紙本發票各聯次上註明「作廢」字樣，所有聯次都必須留存。

二、開具紅字增值稅專用發票

銷售方開具紅字增值稅專用發票，按以下規定辦理：

1. 增值稅專用發票已經交付給購買方，必須由購買方在稅控系統中填寫並上傳《開具紅字增值稅專用發票信息表》（以下簡稱信息表）。購買方取得的專用發票已經認證相符並申請進項抵扣者，《信息表》中無須填寫相應藍字專用發票信息，按《信息表》所載金額做進項轉出處理；認證相符但尚未申請進項抵扣者，填具《信息表》時須填寫相應藍字專用發票信息，購買方不列做進項，無須做進項轉出。

如果增值稅專用發票未交付購買方，發票所有聯次都在銷售方手上，則由銷售方在稅控系統中填寫並上傳上述《信息表》。

2. 主管稅務機關透過網路收到《信息表》，系統自動校驗通過後，生成帶有紅字發票信息編號的新《信息表》，並透過網路發給填表人。

3. 銷售方憑新《信息表》開具紅字增值稅專用發票，即負數發票。紅字專用發票須與《信息表》一一對應。

小規模納稅人向稅務機關申請代開的增值稅專用發票，如果必須開具紅字發票，也依照以上規則辦理。

三、開具紅字增值稅普通發票

　　增值稅普通發票如果尚未交付購買方，或者雖然已交付購買方，但購買方尚未入帳，能夠將取得的發票所有聯次還給銷售方時，銷售方自行在稅控系統中開具紅字發票即可，收回的藍字發票必須附在紅字發票後做為記帳憑證。如果購買方取得發票並已入帳，無法退還給銷售方時，銷售方可以開具紅字發票來沖抵；紅字普通發票的開具與紅字專用發票不同，不受信息表管理的限制。在開具紅字普通發票前，指定其對應的正數普通發票的代碼和號碼即可開具。在列印紅字普通發票時，系統會自動將對應的正數發票的代碼和號碼，列印在紅字發票的「備註欄」內。

【99】主要增值稅事項的會計處理及注意事項（上）

以下非應稅項目，泛指免稅項目和簡易計稅辦法徵稅項目。

一、確認應稅收入100美元

借：應收利息／存放同業100 美元
　　貸：利息收入／手續費及佣金收入100／（1+6%）美元
　　貸：應交稅費－應交增值稅－銷項稅額100／（1+6%）
　　　　×6% 美元
稅金折算成人民幣：
借：應交稅費－應交增值稅－銷項稅額100／（1+6%）×6%
　　美元
　　貸：貨幣兌換100／（1+6%）×6%　美元
借：貨幣兌換100／（1+6%）×6%×當日匯率　人民幣
　　貸：應交稅費－應交增值稅－銷項稅額100／（1+6%）
　　　　×6%×當日人民幣匯率

計算外幣業務的增值稅，可以選擇業務發生當日匯率或當月
月初匯率，一旦選定，一年內不得變更。

二、收到貼現利息100美元

貼現業務在收到貼現利息時，已經向客戶提供服務，故應在
收到貼現利息時確認增值稅。

貼現時：

借：存放同業100美元

　　貸：遞延收益100／（1+6%）美元

　　貸：應交稅費－應交增值稅－銷項稅額100／（1+6%）

　　　　×6% 美元

稅金折算為人民幣，與上述處理方式相同。

按期攤銷貼現利息收入（假設分兩期攤銷）：

借：遞延收益100／（1+6%）／2　美元

　　貸：利息收入100／（1+6%）／2　美元

三、採購辦公用品、接受應稅勞務所取得的增值稅專用發票

完全用於應稅項目的採購進項，全額抵扣；完全用於非應稅項目的採購進項，全額不得抵扣；無法區分的，根據收入分攤抵扣。

借：業務及管理費　發票價款

借：應交稅費－應交增值稅－可全額抵扣進項稅額／應交稅
　　費－應交增值稅－分攤抵扣進項稅額　發票票面稅款金
　　額

　　貸：存放同業／預付帳款／應付帳款　發票價稅合計金
　　　　額

以上分攤抵扣進項稅額在季度末按收入計算不得抵扣的部分，年度末按全年收入「匯算清繳」，分攤公式如下：

不得抵扣的進項稅額＝當期無法畫分的全部進項稅額×（當期簡易計稅方法計稅項目銷售額+免徵增值稅項目銷售額）÷當期全部銷售額

不得抵扣的進項稅額須做進項轉出：

借：業務及管理費

　　貸：應交稅費－應交增值稅－進項稅額轉出

四、採購固定資產／無形資產所取得的增值稅專用發票

完全用於非應稅項目的固定資產／無形資產進項，全額不得抵扣；其他固定資產／無形資產進項，全額抵扣。購入的房產，進項分兩年抵扣。

1. 不得抵扣進項的固定資產／無形資產、不動產

借：固定資產／無形資產　發票價稅合計金額

　　貸：存放同業／預付帳款／應付帳款　發票價稅合計金額

2. 進項可以抵扣的固定資產／無形資產

借：固定資產／無形資產發票價款

借：應交稅費－應交增值稅－可全額抵扣進項稅額　發票票面稅款金額

　　貸：存放同業／預付帳款／應付帳款　發票價稅合計金額

3. 購入不動產

借：固定資產　發票價款

借：應交稅費－應交增值稅－可全額抵扣進項稅額　發票票面稅款金額×60%

借：應交稅費－待抵扣進項稅額發票票面稅款金額×40%

　　貸：存放同業／預付帳款／應付帳款 發票價稅合計金額

4. 第13個月，抵扣剩餘40%進項稅額

借：應交稅費－應交增值稅－可全額抵扣進項稅額發票票面
　　稅款金額×40%

　　貸：應交稅費－待抵扣進項稅額　發票票面稅款金額
　　　　×40%

五、處置固定資產

固定資產在入帳時可以抵扣進項稅額者，不論實際是否抵扣進項稅額，處置時按該項資產適用的增值稅稅率計算銷項稅額。處置其他固定資產，則按簡易徵收處理。不論當月銷項稅額大於進項稅額還是小於進項稅額，以下公式計算的簡易徵收的增值稅均須繳納。

應繳納增值稅額＝固定資產處置價款／（1+3%）×2%

或

應繳納增值稅額＝固定資產處置價款／（1+3%）×3%

若為不動產，

應繳納增值稅額＝（不動產賣價－不動產買價）／（1+5%）

　　　　　　×5%

以上處置房產，可以自行或向稅務機關申請開具增值稅專用發票；處置其他固定資產，按2%稅率計算增值稅時，不得開具專用發票，如果放棄優惠，按3%稅率計算增值稅時，可以開具增值稅專用發票。

借：固定資產清理

　　貸：應交稅費－未交增值稅

【100】主要增值稅事項的會計處理及注意事項（下）

六、初次購買稅控專用設備

1. 購入設備時，取得增值稅專用發票

借：固定資產　價稅合計金額

　　貸：存放同業／應付帳款　價稅合計金額

2. 申請減免應交增值稅

借：應交稅費－應交增值稅－減免稅款　價稅合計金額

　　貸：遞延收益　價稅合計金額

3. 固定資產計提折舊，遞延收益同步攤銷

借：業務及管理費

　　貸：累計折舊

借：遞延收益

　　貸：業務及管理費

由於稅控專用設備價值不超過5,000元，可以一次性計提折舊，以上會計分錄在購入時處理一次即可。

七、支付稅控專用設備服務費

支付稅控專用設備服務費，可按發票金額全額抵減應交增值稅。

1. 發生稅控專用設備服務費時

借：業務及管理費　價稅合計金額

　　貸：存放同業／應付帳款　價稅合計金額

2. 申請減免應交增值稅

借：應交稅費－應交增值稅－減免稅款　價稅合計金額

　　貸：業務及管理費　價稅合計金額

八、期末轉出未交增值稅

期末根據「應交稅費－應交增值稅」各明細項目餘額，計算當期應繳納的增值稅。

當期應繳納的增值稅＝當期銷項稅額－當期進項稅額　上期留抵稅額+當期進項稅額轉出－當期應納稅額減徵額

也可以按如下公式計算：

當期應繳納的增值稅＝「應交稅費－應交增值稅－銷項稅額」本期餘額+「應交稅費－應交增值稅－出口退稅」+「應交稅費－應交增值稅－進項稅額轉出」本期餘額+「應交稅費－應交增值稅－出口抵減內銷產品應納稅額」本期餘額－「應交稅費－應交增值稅－可全額抵扣進項稅額」本期餘額－「應交稅費－應交增值稅－分攤抵扣進項稅額」本期餘額－「應交稅費－應交增值稅－已交稅金」本期餘額－「應交稅費－應交增值稅－減免稅款」本期餘額－「應交稅費－應交增值稅－營改增抵減的銷項稅額」本期餘額－「應交稅費－應交增值稅－轉出未交增值稅」上期餘額

以上計算結果若為正數，當期須繳納增值稅，做如下帳務處理；如為負數，當期無須繳納增值稅，留待下期抵扣。

借：應交稅費－應交增值稅－轉出未交增值稅

　　貸：應交稅費－未交增值稅

九、實際繳納增值稅

本季增值稅納稅申報表中「期末未繳稅額」欄應與當期「應交稅費－未交增值稅」期末餘額一致，次月申報期內須申報並繳納稅款。

借：應交稅費－未交增值稅

　　貸：存放同業

十、年度終了結轉增值稅三級科目

年度終了，結清「應交稅費－應交增值稅」各三級科目。

如果「應交稅費－應交增值稅」科目餘額為 0，則結轉分錄如下：

借：應交稅費－應交增值稅－銷項稅額　年末餘額

借：應交稅費－應交增值稅－出口退稅　年末餘額

借：應交稅費－應交增值稅－進項稅額轉出　年末餘額

借：應交稅費－應交增值稅－出口抵減內銷產品應納稅額
　　年末餘額

　　貸：應交稅費－應交增值稅－可全額抵扣進項稅額
　　　　年末餘額

　　貸：應交稅費－應交增值稅－分攤抵扣進項稅額
　　　　年末餘額

　　貸：應交稅費－應交增值稅－已交稅金　年末餘額

　　貸：應交稅費－應交增值稅－轉出未交增值稅
　　　　年末餘額

　　貸：應交稅費－應交增值稅－減免稅款　年末餘額

　　貸：應交稅費－應交增值稅－營改增抵減的銷項稅額

　　　　年末餘額

如果「應交稅費－應交增值稅」餘額為負數，則結轉分錄如

下：

借：應交稅費－應交增值稅－銷項稅額　年末餘額

借：應交稅費－應交增值稅－出口退稅　年末餘額

借：應交稅費－應交增值稅－進項稅額轉出　年末餘額

借：應交稅費－應交增值稅－出口抵減內銷產品應納稅額

　　年末餘額

　　貸：應交稅費－應交增值稅－可全額抵扣進項稅額

　　　　差額

　　貸：應交稅費－應交增值稅－分攤抵扣進項稅額

　　　　年末餘額

　　貸：應交稅費－應交增值稅－已交稅金　年末餘額

　　貸：應交稅費－應交增值稅－轉出未交增值稅

　　　　年末餘額

　　貸：應交稅費－應交增值稅－減免稅款　年末餘額

　　貸：應交稅費－應交增值稅－營改增抵減的銷項稅額

　　　　年末餘額

富蘭德林
外資銀行中國業務實務 系列5 授信風險・新外債・FT帳戶

2017年1月初版　　　　　　　　　　　　　　　定價：新臺幣380元
2017年1月初版第二刷
有著作權・翻印必究
Printed in Taiwan.

著　　　者	台資銀行大陸從業人員交流協會	
編　　　者	富蘭德林證券股份有限公司	
總 編 輯	胡　金　倫	
總 經 理	羅　國　俊	
發 行 人	林　載　爵	

出 版 者	聯經出版事業股份有限公司	叢書主編	鄒　恆　月
地　　　址	台北市基隆路一段180號4樓	編　　輯	王　盈　婷
編輯部地址	台北市基隆路一段180號4樓	協力編輯	鄭　秀　娟
叢書主編電話	(02)87876242轉223	內文排版	陳　玫　稜
台北聯經書房	台北市新生南路三段94號		
電話	(0 2) 2 3 6 2 0 3 0 8		
台中分公司	台中市北區崇德路一段198號		
暨門市電話	(0 4) 2 2 3 1 2 0 2 3		
郵政劃撥帳戶第0100559-3號			
郵撥電話	(0 2) 2 3 6 2 0 3 0 8		
印 刷 者	世和印製企業有限公司		
總 經 銷	聯合發行股份有限公司		
發 行 所	新北市新店區寶橋路235巷6弄6號2F		
電話	(0 2) 2 9 1 7 8 0 2 2		

行政院新聞局出版事業登記證局版臺業字第0130號

本書如有缺頁，破損，倒裝請寄回台北聯經書房更換。　　　ISBN　978-957-08-4849-6 (軟精裝)
聯經網址 http://www.linkingbooks.com.tw
電子信箱 e-mail:linking@udngroup.com

國家圖書館出版品預行編目資料

外資銀行中國業務實務 系列5/台資銀行大陸
從業人員交流協會著.富蘭德林證券股份有限公司編.
初版.臺北市.聯經.2017年1月.304面.
14.8×21公分（富蘭德林）
ISBN　978-957-08-4849-6（軟精裝）
[2017年1月初版第二刷]

1.外商銀行　2.銀行業務　3.中國

562.54　　　　　　　　　　　　　　　105023551